# EL PLACER DE LEER Y ESCRIBIR

## ¡...adiós ~~planas~~ y ~~dictados!~~

### Guía para maestros y padres

**GLORIA VALDERRAMA DE SANTANDER**

EL PLACER DE LEER Y ESCRIBIR

¡...adiós planas y dictados!

Copyright © 10-302–297 2011 Gloria Valderrama de Santander

Todos los derechos reservados
Prohibida su reproducción total o parcial
por cualquier medio sin permiso escrito de La Autora

ISBN-13: 978-958-44-8811-4
Primera Edición

Portada, diseño y diagramación GLOVAL

E-mail: gloval2011@gmail.com

# *AGRADECIMIENTOS*

A quienes han sido mis discípulos por haberme permitido evolucionar en mis prácticas pedagógicas durante cuatro décadas.

A mi hermana Rosalba por su renovada presencia en mi vida y motivarme a compartir mis vivencias en este libro.

A mis hermanas Rosita, Elena, Lucila y Rosalba por ser mis principales maestras, apoyarme en todo momento y seguir siendo mis guías.

A mis hijos Nelson José, Gloria Omaira y Ricardo por acercarme al amor, darme las mayores satisfacciones de mi vida y apoyarme en este proyecto.

A mi esposo, José B. Santander, porque me ha permitido fortalecerme para afrontar retos impensados.

A quienes han sido mis compañeros de trabajo y capacitadores, especialmente a Etno Humberto Cubillos López por ser mi maestro en comprensión lectora de asuntos pedagógicos.

A mi familia y amigos por escucharme, animarme y demostrarme su afecto incondicional.

# CONTENIDO BREVE

PRESENTACIÓN _____ 9
PRÓLOGO _____ 11
1. ¿PARA QUÉ ESTE LIBRO? _____ 17
2. ¿CUÁL ES EL FUNDAMENTO DE LA PROPUESTA METODOLÓGICA? _____ 19
3. ¿POR QUÉ ABOLIR DEL AULA PLANAS, DICTADOS Y OTRAS PRÁCTICAS TRADICIONALES? _____ 45
4. ¿CÓMO INICIAR, ENTONCES, AL NIÑO EN LA LECTOESCRITURA? _____ 53
5. ¿CÓMO EVIDENCIAR EL AVANCE EN EL PROCESO DE LECTOESCRITURA? _____ 95
6. ¿QUÉ RESULTADOS SE OBTIENEN CON LA APLICACIÓN DE ESTA ESTRATEGIA METODOLÓGICA? _____ 103
7. ¿CÓMO ACERCAR LA LECTURA Y LA ESCRITURA AL NIÑO? __ 109
8. CONCLUSIONES _____ 123
FUENTES BIBLIOGRÁFICAS _____ 127

# CONTENIDO

| | |
|---|---|
| **PRESENTACIÓN** | **9** |
| **PRÓLOGO** | **11** |
| **1. ¿PARA QUÉ ESTE LIBRO?** | **17** |
| **2. ¿CUÁL ES EL FUNDAMENTO DE LA PROPUESTA METODOLÓGICA?** | **19** |
| Enfoque pedagógico participativo-humanista | 19 |
| Teorías constructivistas | 24 |
| Enfoque sociohistórico-cultural | 25 |
| Enfoque psicogenético | 28 |
| Investigaciones de Emilia Ferreiro y Ana Teberósky | 30 |
| Etapas del proceso de adquisición de la lectura y la escritura | 32 |
| Estándares Básicos de Lenguaje para los Grados Primero a Tercero de Educación Básica | 34 |
| Producción Textual | 34 |
| Comprensión e interpretación textual | 35 |
| Literatura | 36 |
| Medios de comunicación y otros sistemas simbólicos | 37 |
| Ética de la comunicación | 38 |
| Teoría de las seis lecturas | 38 |
| La alfabetización no es un lujo ni una obligación: es un derecho | 39 |

Foro: Aprendiendo con el Bicentenario     41

**3. ¿POR QUÉ ABOLIR DEL AULA PLANAS, DICTADOS Y OTRAS PRÁCTICAS TRADICIONALES?**     **45**

**4. ¿CÓMO INICIAR, ENTONCES, AL NIÑO EN LA LECTOESCRITURA?**     **53**

    Actividades diarias de iniciación a la lectoescritura que desarrollan competencias lingüísticas y comunicativas     55

    Otras actividades para el aula     70

**5. ¿CÓMO EVIDENCIAR EL AVANCE EN EL PROCESO DE LECTOESCRITURA?**     **95**

**6. ¿QUÉ RESULTADOS SE OBTIENEN CON LA APLICACIÓN DE ESTA ESTRATEGIA METODOLÓGICA?**     **103**

**7. ¿CÓMO ACERCAR LA LECTURA Y LA ESCRITURA AL NIÑO?**     **109**

    Píldoras para maestros     109

       ¿Qué actitud necesita el maestro?     109

       ¿Cómo facilitar el cambio de estrategia?     110

       ¿Cómo desarrollar atención y escucha?     115

       ¿Cómo ejercitar memoria y capacidad de observación?     115

       ¿Cómo ampliar el campo visual y la velocidad lectora?     116

       ¿Cómo iniciarlos en el razonamiento lógico?     117

       ¿Cómo estimular la imaginación y la creatividad?     118

    Píldoras para padres, abuelos o tutores     118

       ¿Cómo hacer para que los niños desarrollen el amor a la lectura?     119

       ¿Cómo hacer para que los niños disfruten de la escritura?     121

**8. CONCLUSIONES**     **123**

**FUENTES BIBLIOGRÁFICAS**     **127**

# *PRESENTACIÓN*

Según investigaciones psicopedagógicas[1], a un gran número de personas no les gusta leer ni escribir porque no han superado la desagradable experiencia de las planas, los dictados y otras prácticas sin sentido que obligados realizaron cuando aprendieron.

Este libro sugiere abolir del salón de clases prácticas arraigadas desde siglos anteriores que enseñan mecánicamente, sin despertar el interés del niño por los escritos y, en su lugar, propone una estrategia natural y grata de probado éxito en las aulas durante el ejercicio de la docencia y científicamente sustentada por las teorías de psicopedagogos mundialmente reconocidos como John Dewey, Jean Piaget, Lev Semyónovich Vigótsky, Miguel de Zubiría Samper, Emilia Ferreiro y Ana Teberósky, entre otros.

Aquí se describen, paso a paso, ciertas actividades diarias que estimulan la comprensión y el dominio de la lengua escrita, durante las etapas más tempranas del aprendizaje del niño, optimizando su rendimiento académico y acercándolo a un proyecto de vida exitoso, al facilitarle la excelencia en su cotidianidad.

---

[1] Ver aquí: Investigaciones de Emilia Ferreiro y Ana Teberósky (pág. 30).

Esta estrategia es exitosa porque habilita a los niños para que disfruten leyendo y escribiendo cada día más y mejor, reduce sustancialmente el estrés del docente y puede ser implementada fácilmente, por quien tome la decisión de hacerlo, porque no requiere materiales ni condiciones especiales ya que se ha aplicado con resultados sorprendentemente positivos en aulas con hacinamiento escolar y en población de bajo nivel socioeconómico.

# *PRÓLOGO*

Cuando me inicié como docente, hace cuatro décadas, enseñar las primeras letras utilizando la misma metodología con que a mí me enseñaron parecía asegurarme el éxito en mi labor. En efecto, me volví experta en primer grado, al final del año podía saborear el regocijo por alcanzar los objetivos: lograr que los niños reconocieran los fonemas y grafemas del lenguaje y solucionaran con solvencia sumas y restas. Pero aún recuerdo las agobiantes e interminables jornadas de trabajo que, a pesar de mi juventud, me dejaban sumida en un estrés insoportable, expresado en un casi permanente dolor de cabeza, angustia, nerviosismo y mal genio.

Durante algún tiempo fui renuente a cambiar mis prácticas de aula con las cuales me sentía segura; eso era lo habitual en mi entorno; así fue como me enseñaron y podía desempeñarme bien en mi labor docente; además, no estaba dispuesta a incursionar en algo que tornara más agobiante mi trabajo y me exigiera más de lo que estaba dando pues, a mi juicio, era ya demasiado.

Consideraba que quienes proponían cambios, en aquellas actividades del aula, para la iniciación en la lectoescritura, desconocían lo que allí sucedía realmente y por eso se atrevían a cuestionar lo que los maestros hacíamos. Sus críticas me generaban muchos interrogantes e incertidumbre. Que, *"al niño no se le debe decir que las cosas están mal hechas"*; para mí, eso era engañarlos. Que, *"el cerebro del niño funciona de un modo estándar al aprender el lenguaje escrito en cualquier idioma y él solo puede descubrir los símbolos y las normas del lenguaje escrito"*; no lo creía posible, pues si no aprendían diciéndoles con claridad qué letra era, cómo sonaba y cómo se escribía, ¿cómo y cuándo lo iban a descubrir? Que, *"cada niño aprende a su propio ritmo"*; eso era impensable para mí, pues siempre quería llevarlos nivelados, frenando a los que se adelantaban y presionando a los rezagados. Por otro lado, ¿cómo podría atender a uno por uno? Eso sería imposible con el número de estudiantes asignados a mi clase. Que, *"hacer planas es antipedagógico"*; entonces, ¿cómo podrían llegar a tener bonita letra? Que, *"hacer dictados no facilita el aprendizaje significativo"*; entonces, ¿cómo hacer que escribieran? y ¿cómo comprobar lo que sabían? ¿Qué tal que al final del año los niños no conocieran todas las letras y combinaciones? ¿Qué reclamos formularían los padres de familia por la falta de planas y dictados y por no utilizar la cartilla? Eso sería un desastre total; ¿dónde quedaría mi reputación como buena maestra para enseñar en primer grado? ¡No! No me podía arriesgar; creía tener razones suficientes para no intentar tales cambios en mis prácticas.

Sin embargo, cuando conocí que en unas investigaciones, realizadas por las mundialmente reconocidas psicopedagogas Emilia Ferreiro y Ana

Teberósky[2], concluyeron que hay muchas personas que no disfrutan de leer ni escribir porque les enseñaron las primeras letras de forma mecánica, sistemática y obligada, esta aseveración sí me dejó profundamente conmovida; sentí el reto de seguir estudiando y reflexionando acerca de ese asunto que *cuestionaba e invalidaba un estilo de arduo trabajo docente*, que era justamente mi estilo. Empecé, entonces, a conocer más a fondo aquellos estudios y propuestas para aclarar realmente de dónde habían salido, en qué se sustentaban y qué proponían[3].

Cambié mis esquemas totalmente cuando comprendí y comprobé que cada estudiante va desarrollando de forma natural su propio proceso de adquisición de la lectoescritura; decidí entonces abandonar aquellas agobiantes prácticas y, con los recursos a mi alcance, comencé a probar con nuevas actividades en el salón de clases que resolvieran mis múltiples dudas e interrogantes, y quedé totalmente convencida que al seleccionar actividades lúdicas que necesiten de la lectura y la escritura, cada uno dinamiza su propio proceso de adquisición de estos saberes y se va apropiando de ellos en medio de las lecturas, los juegos, los retos y las competencias, al modificar continuamente sus preconceptos.

Así fui afinando poco a poco una estrategia metodológica para iniciar a los niños en la comunicación escrita y honestamente me enamoré de

---

[2] FERREIRO, Emilia y TEBERÓSKY Ana. Los sistemas de escritura en el desarrollo del niño. 1999.

[3] Ver aquí: ¿Cuál es el fundamento de la propuesta metodológica? (pág. 19)

ella al ver los logros alcanzados por los estudiantes y lo agradable que resultaba ejercer mi profesión; desde entonces dejó de ser una pesada carga difícil de llevar.

Aquí empecé a disfrutar plenamente con mi trabajo porque eliminé el estrés al comprender por qué los niños escriben con *"errores"* y "omiten letras". Entonces abandoné por completo las sesiones inútiles e interminables de revisiones y reproches; no volví a colocar muestras ni a corregir errores. Ahora aprovecho mejor el tiempo con mis estudiantes y siento que la jornada de trabajo, para mí también, pasa muy rápido.

Los niños disfrutan aprendiendo a leer y a escribir de manera natural, manejan perfectamente letra script y cursiva tanto en textos propios como en transcripciones precisas, sin necesidad de planas, sólo desarrollándoles su capacidad de observación y su motricidad fina, siempre en busca de la excelencia; utilizan e incorporan información en diferentes textos escritos del entorno y disfrutan la lectura y memorización de cuentos y poemas; su lectura es fluida y comprensiva desde el inicio.

Mi mayor satisfacción ha sido no volver a ver reflejadas en las caritas de los niños, la apatía generalizada y la impotencia para evadir aquellas tediosas actividades que debían realizar *"por obligación"*; ahora se ven alegres y animados; no quieren dejar de asistir al colegio por ningún motivo.

La estrategia que he ido implementando, facilita a los niños la introducción en otros saberes al ampliar su capacidad de memorizar, observar, imaginar, razonar y captar, entre otras habilidades; ya son capaces de coevaluarse, autoevaluarse y liderar procesos entre sus compañeros.

Los padres de familia en ningún momento se opusieron a la aplicación de la estrategia; por el contrario, se mostraron muy contentos y satisfechos al ver en sus hijos resultados sorprendentes; superando y corrigiendo a sus hermanos mayores y disfrutando plenamente las tareas y las actividades escolares.

## 1. ¿PARA QUÉ ESTE LIBRO?

Decidí escribir este libro para compartir la experiencia con mis colegas, a fin de que se animen a implementar cambios en sus prácticas de iniciación a la lectoescritura, porque ese primer contacto con la comunicación escrita influye definitivamente en el desenvolvimiento que como individuo se tenga con la lectura y la escritura.

Con esta estrategia metodológica, la labor del maestro se torna menos ardua y más efectiva. Cuando comprenda cómo el niño aprende de manera natural dejará de mortificarse por los "*errores*" que comete; entonces, sabrá aprovechar sus conocimientos previos en actividades lúdicas con la lectoescritura para estimular su proceso de adquisición y pronto verá como alcanza los estándares básicos de Lenguaje, propuestos por el Ministerio de Educación Nacional[4], superando gradualmente el analfabetismo.

Por otro lado, los docentes participarán y disfrutarán como niños de estas actividades con lo cual podrán mejorar sus propias habilidades e incluso corregir hábitos indeseables que hasta ahora no se han esforzado en superar.

---

[4] Ver aquí: Estándares Básicos de Lenguaje para los Grados Primero a Tercero de Educación Básica. (pág. 33)

## 1. ¿PARA QUÉ ESTE LIBRO?

Esta estrategia se puede implementar por el docente que tome la decisión de hacerlo pues no requiere esfuerzos extraordinarios, ni ayudas educativas que no estén al alcance de cualquier institución de educación preescolar, básica o media.

La estrategia provee de herramientas efectivas a los padres, abuelos y/o tutores para que se conviertan en un apoyo eficaz para los niños que están próximos a iniciar la escolaridad o que ya lo han hecho, con el fin de desarrollar al máximo sus habilidades cognitivas básicas, agudizar sus sentidos e inculcar hábitos y valores positivos que los conduzcan al éxito.

Este libro no es sólo para los docentes y padres; es indirectamente para los niños quienes serán los más beneficiados; si se introducen los cambios propuestos, tendrán la oportunidad de estar en contacto placentero con la lengua escrita, lo que los llevará a regocijarse en el descubrimiento de los elementos, las normas y los usos de esta forma de comunicación para disfrutarla y mejorarla continuamente.

Esta estrategia metodológica permite que los niños se deleiten aprendiendo bien desde el principio; de no ser así, las falencias de este aprendizaje posiblemente perduren toda la vida. Es en este momento cuando se deben evitar hábitos negativos, manías y fobias casi imposibles de erradicar en los siguientes niveles escolares, a fin de asegurar con ello su buen desempeño en el sistema escolar como estudiantes, en su cotidianidad como individuos y en su vida adulta como ciudadanos.

## 2. ¿CUÁL ES EL FUNDAMENTO DE LA PROPUESTA METODOLÓGICA?

### Enfoque pedagógico participativo-humanista [5]

El Proyecto Educativo Institucional - PEI, implementado en la Institución Educativa en la que me desempeño como maestra actualmente, concibe la educación como un proceso en permanente construcción, orientado a la potencialización del ser humano como individuo y como miembro activo de una colectividad, para asumir con calidad los procesos vitales de: SER, HACER, CONOCER Y CONVIVIR.

Para cumplir con este propósito, la Institución está comprometida en la construcción de un enfoque pedagógico que propenda por la participación social y el desarrollo humano, denominado: PARTICIPATIVO-HUMANISTA, que desarrolla la Pedagogía *Activa de John Dewey*, los principios *Constructivistas de Jean Piaget*, la Pedagogía *Cognitiva de Lev Semyónovich Vigótsky*, y la Pedagogía *Conceptual y Afectiva de Miguel de Zubiría Samper*.

---

[5] PEI Institución Educativa Eduardo Santos. Neiva 2011

## 2. ¿CUÁL ES EL FUNDAMENTO DE LA PROPUESTA METODOLÓGICA?

*John Dewey*, acentúa el carácter activo del alumno en el aprendizaje, e identifica al maestro como guía, orientador, catalizador y animador de este proceso. Interpreta el aprendizaje como la acción de buscar significados, criticar, inventar e indagar en contacto permanente con la realidad; concibe la verdad como proyecto que debe ser elaborado de manera permanente y no como una verdad revelada; la relación teoría y práctica como procesos complementarios y la relación maestro-alumno como un proceso de diálogo, cooperación y apertura permanente. Estima que es más importante aprender a aprender que aprender algo y concede gran atención al método. Sus aspectos más relevantes son: la actividad como fuente del conocimiento y del aprendizaje; aprender haciendo y el vínculo entre educación y sociedad.

Para Piaget *"el aprendizaje no sólo comprende el qué sino el cómo: el alumno no sólo aprende lo que aprende sino cómo lo aprende. Este proceso implica un conocimiento que se lleva a cabo con la participación directa de quien conoce. ¿De qué manera? En primer lugar con las interacciones de la experiencia física. En este sentido se debe permitir y estimular el uso de experiencias concretas, que lleven al estudiante al conocimiento de hechos prácticos y no sólo verbales. La experiencia física implica no sólo enfrentamiento con hechos concretos de la comunidad, escuela, hogar, la naturaleza, etc., sino también, la reflexión sobre la importancia, los inconvenientes, los aciertos y los errores cometidos al enfrentarse a una situación concreta".*

Según Vigótsky "*los signos sirven para regular las relaciones con los objetos físicos, así como para regular nuestras propias conductas y las de los demás. Desde que los individuos participan de la cultura a la que pertenecen, entran en contacto y poco a poco usan y se apropian del sistema lingüístico. El lenguaje se usa primero con fines comunicativos y sociales para influir en los demás comprendiendo la realidad circundante; luego se utiliza para influir en uno mismo a través de su internalización*".

Miguel de Zubiría Samper caracteriza la pedagogía conceptual con los siguientes "*principios básicos:*

- *Contribuir a que se formen en los estudiantes los conceptos y las operaciones fundamentales intelectuales para comprender y escribir en los lenguajes propios de la ciencia, la tecnología y el arte contemporáneo.*

- *Buscar el desarrollo intelectual y valorativo de sus alumnos, y someterlos continuamente a abordar problemas y complejos acertijos intelectuales, valorar y tomar posturas frente a los dilemas y trilemas valorativos.*

- *Valorar los aportes de los estudiantes y mediarlos para llegar a la conceptualización sin omitir la formación afectiva teniendo en cuenta, que el pedagogo domina los conceptos y las leyes básicas de las ciencias, mientras que los estudiantes llegan al salón con preconcepciones acerca de los temas que serán tratados, muchas de las cuales, naturalmente, son preconcepciones pobres, cuando no equivocadas.*

## 2. ¿CUÁL ES EL FUNDAMENTO DE LA PROPUESTA METODOLÓGICA?

*• Evaluar continuamente el grado de retención de los conocimientos para corregir de inmediato las preconcepciones erradas.*

*• Privilegiar lo afectivo sobre lo cognitivo.*

*• Contribuir a educar seres humanos plenos afectivamente, cuando menos, individuos apasionados, alegres y amorosos".*

Cuando se habla de la pedagogía de la ternura se entiende como aquella basada en el aprendizaje del respeto. En cualquier colegio, grupo y trabajo se hallan figuras de autoridad, normas y deberes; es respetar eso, los aprendizajes significativos que le sirvan al estudiante para vivir, relacionándolos con la personalidad, la sexualidad, la comunicación, el éxito y la alegría. Esta pedagogía busca humanizar, ayudar y conquistar el derecho de los individuos a ser personas, para aprender sin miedos.

La Pedagogía de la Ternura es un arte que se hace con sensibilidad, que no discrimina, que recupera el error como elemento pedagógico, aceptando al educando como es, original y distinto. Reconoce las diferencias humanas para comprender y tolerar, para dialogar y llegar a acuerdos, para enfrentar la adversidad y aprender de las derrotas y los fracasos, tanto como de los aciertos y los éxitos. También es exigencia, rigurosidad, compromiso, responsabilidad, cumplimiento, trabajo sistemático, dedicación y esfuerzo.

La postura afectuosa del maestro hacia los estudiantes genera la misma actitud en ellos, por eso es conveniente mostrarse abierto, simpático y amable porque los predispone a adoptar el mismo comportamiento.

La educación es pues, un proceso de formación permanente, personal, cultural y social; no un procedimiento de instrucción que pretende instaurar en las nuevas generaciones ciertos patrones de *comportamiento*. En tal sentido, es pertinente entender que los fines de la educación[6] no son comportamentales sino de desarrollo, que sólo pueden verificarse dentro de un proceso.

Un proceso es el conjunto de cambios ordenados de los estados de un sistema biofísico, psíquico (pensamiento cognitivo y metacognitivo), comunicativo, ético, axiológico, estético, cultural, social, económico, y político, entre otros, que señala los estados finales de los procesos que la sociedad considera como deseables. Estos procesos son en general de tiempos largos.

En conclusión, se resume el enfoque pedagógico PARTICIPATIVO-HUMANISTA en los siguientes términos:
- Forjar el desarrollo humano individual.
- Propiciar el desempeño individual y grupal.
- Tratar con ternura, exigencia y aprecio a los estudiantes.
- Promover la autogestión y la cooperación.
- Desarrollar las dimensiones enunciadas en los objetivos institucionales.
- Crear ambientes de aula afectivos y agradables.
- Desarrollar procesos de aprendizaje partiendo de

---

[6] Ley 115 de 1994 o Ley General de Educación de Colombia.

## 2. ¿CUÁL ES EL FUNDAMENTO DE LA PROPUESTA METODOLÓGICA?

- ❖ lo fácil y sencillo a lo difícil,
- ❖ lo concreto a lo abstracto,
- ❖ lo simple a lo compuesto,
- ❖ el todo a las partes,
- ❖ la práctica a la teoría,
- ❖ la lectura a la escritura.

### *Teorías constructivistas*[7]

*"El constructivismo no es un método de enseñanza de la lectoescritura, sino una teoría de conocimiento. Son investigaciones sobre cómo se aprende a leer y a escribir. Parece que se aprende en contextos funcionales y significativos, que hay unas etapas de desarrollo sobre lectoescritura que se dan siempre, parece que lo emocional es muy importante, etc.*

*Cuando se tienen en cuenta esos presupuestos constructivistas hay que adecuar las actividades de lectoescritura a ello. Pero todas las actividades que realicen son importantes. Lo que es imprescindible es partir de textos funcionales, significativos y emplear la lectoescritura diariamente para las actividades cotidianas: listados, notas, cuentos, canciones, apuntarse para hacer alguna actividad, poner el nombre en los trabajos, etc.".*

*Según David Paul Ausubel:* Los aprendizajes han de ser funcionales (que sirvan para algo) y significativos (estar basados en la comprensión). Se han de tener elementos para entender aquello de lo que se habla.

---

[7] http://perso.wanadoo.es/cgomezmayorga/cuatroanos/escritura.htm

## *Enfoque sociohistórico-cultural*[8]

Para Lev Semyónovich *Vigótsky*, "detrás de cada sujeto que aprende hay un sujeto que piensa. Para ayudar al niño debemos 'acercarnos' a su 'zona de desarrollo próximo'; partiendo de lo que el niño ya sabe".

*Vigótsky* también, afirma que el proceso de aprendizaje no se da sólo desde lo genético, sino que tiene que ver con una interacción con el medio socio-cultural.

Según este enfoque, el sujeto no se limita a responder a los estímulos del medio, sino que actúa transformándolos; esto es posible por la mediación de instrumentos.

Al mencionar la interrelación de los factores externos e internos y los procesos adaptativos para superar los obstáculos, lo hace porque cree que los significados provienen del medio social externo (son transmitidos por el otro, por el adulto, por el que más sabe), pero deben ser asimilados o interiorizados por cada niño, permitiéndole de esta manera apropiarse de los instrumentos culturales y hacer una reconstrucción interna de ellos.

*Vigótsky* necesita plantear el concepto de la 'zona de desarrollo próximo', para explicar el concepto de la formación superior del pensamiento en una construcción socio-cultural, de la cual el individuo pasa de una apropiación externa hasta convertirla en una construcción interna.

---

[8] http://www.educacioninicial.com/ei/contenidos/00/1200/1226.ASP

## 2. ¿CUÁL ES EL FUNDAMENTO DE LA PROPUESTA METODOLÓGICA?

La 'zona de desarrollo próximo' se define como el paso de la 'zona de desarrollo real' a la 'zona de desarrollo potencial'. En la 'zona de desarrollo próximo' actúan los mediadores físicos y simbólicos, también denominados *"instrumentos"*, que ayudan al niño a alcanzar el desarrollo potencial; por eso, en esta zona actúan la escuela, la sociedad y las actividades. *"Con el tiempo, un niño necesita cada vez menos ayuda para su desempeño, pues su capacidad de autorregulación aumenta. En consecuencia, el progreso a través de la 'zona de desarrollo próximo' -del desempeño con ayuda al autorregulado, sin ayuda- es gradual"*...

La 'zona de desarrollo real' corresponde a los ciclos evolutivos ya cumplidos, es decir, el conjunto de conocimientos que posee y las actividades que el niño puede realizar por sí mismo sin la guía y ayuda de otras personas.

La 'zona de desarrollo potencial' son los saberes a los cuales el niño va a poder llegar, con la ayuda, colaboración o guía de otras personas que median su encuentro con el conocimiento. De esta manera se definen las funciones que aún no han madurado, pero están en proceso de hacerlo.

En cuanto al campo de la alfabetización, *Vigótsky* hizo grandes aportes, ya que planteó el deber de *"significar las prácticas de lectura y escritura. Esto lo relaciona con la diferencia que existe entre la necesidad que tienen los niños de aprender la lengua oral y la lengua escrita. Aunque ambas sean un medio de comunicación, los niños se inician en el habla porque sienten la 'necesidad' de pedir, preguntar, responder, entre otras. Por eso es necesario generar situaciones y* actividades que despierten en el niño la necesidad de escribir; que lo motiven externamente para leer, de tal modo que la escritura sea algo que el niño necesite, que le permita experimentar sobre sus múltiples propósitos".

Vigótsky "demuestra que el juego y el dibujo son precursores del lenguaje escrito, porque en todos se produce el mismo tránsito de simbolismo". El dibujo y el juego serían los antecesores del simbolismo de la escritura.

En su estudio, se interesa por la significación -dada por los signos- como representación mental de la escritura, y señala la existencia de una sucesión en la transformación de los simbolismos, que puede explicarse a través de los tres momentos por los que pasan los niños.

"El simbolismo de primer orden, el simbolismo indirecto o de segundo orden y el simbolismo directo o de tercer orden.

En el simbolismo de primer orden, la escritura está relacionada con el significado de las cosas o acciones. Por ejemplo: el nombre propio, que representa a cada persona.

El simbolismo indirecto o de segundo orden, no hace referencia a los objetos -por eso se denomina indirecto- ya que representa al lenguaje hablado que a su vez representa el significado de las cosas. El lenguaje hablado actúa como eslabón entre las cosas y el significado.

Esta es la etapa que más les cuesta a los niños ya que deben comprender que lo que ellos dicen es lo mismo que lo que escriben.

## 2. ¿CUÁL ES EL FUNDAMENTO DE LA PROPUESTA METODOLÓGICA?

Por último, es en esta tercera etapa donde el lenguaje hablado ya no cumple el papel de intermediario, y la escritura se convierte en un símbolo directo, de ahí el nombre de esta etapa, simbolismo directo o de tercer orden.

Al superar estos tres momentos, el niño puede leer y escribir pero debe seguir aprendiendo.

Desde esta postura, la escuela ocupa un papel importante en la construcción del desarrollo de los individuos; su función consiste en volverlos letrados brindándoles instrumentos para interactuar activamente con el sistema de lectura y escritura".

### *Enfoque psicogenético*[9]

Para Jean Piaget, "El niño no almacena conocimientos sino que los construye mediante la interacción con los objetos circundantes".

Él aportó una visión innovadora acerca de cómo se construye el conocimiento, una visión constructivista e interaccionista.

Parte de la idea de que hay un sujeto activo que interactúa con los objetos y a partir de esta interacción va construyendo el conocimiento. Esto lo hace a través del proceso de adaptación, mediante el cual el sujeto se adapta al medio.

Cuando el objeto impone resistencia, crea un conflicto que lleva al desequilibrio de sus estructuras o esquemas de conocimientos anteriores, por lo cual el sujeto debe tratar de asimilar y/o acomodar la nueva

---

[9] http://www.educacioninicial.com/ei/contenidos/00/1200/1225.ASP

información a sus esquemas, y así lograr una re-equilibración.

Cuando el sujeto vuelve al estado de equilibrio, ya no es el mismo, se encuentra en un nivel superior, debido a que pasó de un nivel de menor grado de conocimiento a uno de mayor conocimiento, fenómeno que se conoce como *adquisición del conocimiento*; es decir, cuando ya se logró el aprendizaje.

*"La contribución esencial de Piaget al conocimiento fue haber demostrado que el niño tiene maneras de pensar específicas que lo diferencian del adulto. Las distintas investigaciones llevadas a cabo en el dominio del pensamiento infantil, le permitieron poner en evidencia que la lógica del niño no solamente se construye progresivamente, siguiendo sus propias leyes, sino que además se desarrolla a lo largo de la vida pasando por distintas etapas antes de alcanzar el nivel adulto y encontrando, además, que cada individuo se desarrolla a su propio ritmo".*

Interesa aclarar que Piaget ha realizado una teoría *"general"* basada en los procesos de adquisición de conocimientos; no hizo una reflexión sistemática de los procesos de adquisición de la *"lectura y escritura"*; esto es lo que investiga Emilia Ferreiro.

*"...desde esta teoría (psicogenética) se considera que el niño dispone de una precoz capacidad para leer y escribir; también que el niño vive en un mundo alfabetizado y en consecuencia, elabora ideas propias al respecto y formula diversas hipótesis".*

Ferreiro con su equipo de investigación, afirma que existen diversas etapas en la adquisición del sistema de escritura, las cuales no tienen una correspondencia rígida en cuanto a la edad; sino que van apareciendo lógicamente en el individuo.

En esta línea se toma al sujeto, como constructor de su propio conocimiento en interacción con su medio.

## *Investigaciones de Emilia Ferreiro y Ana Teberósky*[10]

Las investigaciones realizadas por Emilia Ferreiro y Ana Teberósky, doctoras en psicología, discípulas de Piaget[11], y reconocidas investigadoras a nivel mundial, concluyeron que a los adultos no les gusta leer ni escribir, esencialmente por el modo como fueron iniciados en estas actividades. Ellas dicen que *"A pesar de ser la lectoescritura una materia tradicional de la enseñanza, ésta se imparte de una manera sistemática como algo que debe ser enseñado y cuyo aprendizaje supone el desarrollo de una serie de habilidades específicas, ignorando por un lado, la percepción que de ella tienen los niños, antes de ser escolarizados y por otro, que esta enseñanza tradicional de la lectura y la escritura, al ser tan mecánica, trae como consecuencia que muchos estudiantes no aprendan a leer, fracasen en la escuela y luego la abandonen"*. Es por ello que las autoras desarrollaron a través de un trabajo experimental, con niños de 4 a 6 años de edad y provenientes de clases populares, una investigación de

---

[10] FERREIRO, Emilia y TEBERÓSKY Ana. Los sistemas de escritura en el desarrollo del niño. Méjico, 1999.

[11] Jean William Fritz Piaget: epistemólogo, psicólogo y biólogo famoso por sus aportes a la psicología genética, sus estudios sobre la infancia y su teoría del desarrollo cognoscitivo.

dos años acerca del proceso de adquisición de la lectoescritura, basándose en la teoría psicogenética de *Piaget*. "*Los niños continuamente están en contacto con el lenguaje escrito y desarrollan en primer lugar un conocimiento simbólico que los lleva a diferenciar lo que se lee, letras, números, y lo que no se lee, dibujos. Posteriormente ellos descubren que para leer se necesitan más de una letra o símbolo lo que los conduce a las palabras*".

*Ferreiro y Teberósky* afirman que "*el niño debe ser considerado como un sujeto cognoscente y no como ignorante y que es indispensable aprovechar ese conocimiento inicial en su proceso de adquisición de la lengua escrita*". Además, las autoras sostienen que "*la escritura no debe verse como un producto escolar sino como un objeto cultural resultado del esfuerzo colectivo de la humanidad. La escritura cumple con diversas funciones sociales y tiene múltiples existencias; el niño ve claramente que ella sirve para infinidad de cosas: para escribir una carta, en los letreros, en la televisión, la Internet, la ropa, los periódicos, etc. y el niño inmerso en este mundo de grafías intenta comprender el mundo que lo rodea*".

Cuando el niño entra en contacto con la lengua escrita, cree comprender sus mecanismos y formula hipótesis secuenciales que le explican su funcionamiento, pero en la interacción con material escrito se da cuenta que su hipótesis del momento entra en conflicto, entonces formula la siguiente, que lo resuelva, hasta apropiarse del saber disfrutando el proceso y entablando un estrecho vínculo afectivo con esta nueva forma de comunicación.

## 2. ¿CUÁL ES EL FUNDAMENTO DE LA PROPUESTA METODOLÓGICA?

## Etapas del proceso de adquisición de la lectura y la escritura[12]

Esta es una síntesis del estudio de las escrituras preconvencionales en español abordadas por Emilia Ferreiro y Ana Teberósky:

*"Es sabido que los niños se enfrentan muy precozmente con el sistema de escritura, con este tipo de grafías diferentes a los dibujos, que están presentes en el medio.*

*El nivel 'preescolar' debería cumplir la función de facilitarle a los niños que no tuvieron adultos alfabetizados alrededor, obtener información básica, para colaborar en la puesta en marcha del proceso de conceptualización acerca de las características, el valor y la función de la lectura y la escritura.*

1° Estadio: Hipótesis presilábica (Cuatro Niveles)

1. *Logra diferenciar letras y números de otro tipo de grafismos. Estas grafías no son lineales, no poseen orientación ni control de cantidad.*

2. *Comienza a organizar los grafismos uno a continuación de otro. Sólo pueden ser leídas por el autor.*

3. *El tamaño de las palabras es proporcional al tamaño del objeto. Comienza a reordenar los*

---

[12] FERREIRO, Emilia y TEBERÓSKY Ana. Los sistemas de escritura en el desarrollo del niño. Méjico, 1999. y http://www.slideshare.net/marrisan/psicognesis-de-la-escritura-evolucin-de-la-escritura-caracterizacin-del-proceso

elementos para crear nuevas 'palabras' siguiendo dos principios.

4. Cantidad mínima de elementos: No se puede leer si no hay una cierta cantidad de elementos (tres).
Variedad interna de elementos: Letras iguales no sirven para leer.

Cuando el niño comienza a poner en correspondencia el lenguaje hablado y el escrito, surgen:

2º Estadio: Hipótesis silábica
Surgen las letras en sílabas: cada letra escrita posee el valor de una sílaba.

3º Estadio: Hipótesis silábico alfabética
Utiliza las dos hipótesis: Algunas letras poseen valor silábico sonoro y otras, valor alfabético sonoro.

4º Estadio: Hipótesis alfabética
Cada letra posee un valor sonoro.

Esta hipótesis no es el punto final del proceso de adquisición de la lectura y la escritura ya que el niño se enfrentará a diferentes dificultades como la ortografía, etc.".

## 2. ¿CUÁL ES EL FUNDAMENTO DE LA PROPUESTA METODOLÓGICA?

### *Estándares Básicos de Lenguaje para los Grados Primero a Tercero de Educación Básica*[13]

Son referentes nacionales de competencias básicas y/o habilidades cognitivas que cada estudiante debe alcanzar en su paso por este grupo de grados y la función específica del docente es seleccionar muy bien las actividades pedagógicas y metodológicas que proponga para el aula, pues ellas son el escenario para que el estudiante las adquiera y demuestre su apropiación, a través de los desempeños de la competencia predeterminados por el MEN.

*"Producción Textual*

*Producción de textos orales que responden a distintos propósitos comunicativos*

- Utiliza, de acuerdo con el contexto, un vocabulario adecuado para expresar sus ideas.
- Expresa en forma clara sus ideas y sentimientos, según lo amerite la situación comunicativa.
- Utiliza la entonación y los matices afectivos de voz para alcanzar su propósito en diferentes situaciones comunicativas.
- Tiene en cuenta aspectos semánticos y morfosintácticos, de acuerdo con la situación comunicativa en la que interviene.
- Describe personas, objetos, lugares, etc., en forma detallada.

---

[13] MINISTERIO DE EDUCACIÓN NACIONAL. Estándares Básicos de Competencias en Lenguaje. Colombia, *2005*

- Describe eventos de manera secuencial.
- Elabora instrucciones que evidencian secuencias lógicas en la realización de acciones.
- Expone y defiende sus ideas en función de la situación comunicativa.

## Producción de textos escritos que responden a diversas necesidades comunicativas

- Determina el tema, el posible lector de su texto y el propósito comunicativo que lo lleva a producirlo.
- Elije el tipo de texto que requiere su propósito comunicativo.
- Busca información en distintas fuentes: personas, medios de comunicación y libros, entre otras.
- Elabora un plan para organizar sus ideas.
- Desarrolla un plan textual para la producción de un texto descriptivo.
- Revisa, socializa y corrige sus escritos, teniendo en cuenta las propuestas de sus compañeros y del profesor, y atendiendo algunos aspectos gramaticales (concordancia, tiempos verbales, pronombres) y ortográficos (acentuación, mayúsculas, signos de puntuación) de la lengua castellana.

## Comprensión e interpretación textual

## Comprensión de textos que tienen diferentes formatos y finalidades

- Lee diferentes clases de textos: manuales, tarjetas, afiches, cartas, periódicos, etc.

## 2. ¿CUÁL ES EL FUNDAMENTO DE LA PROPUESTA METODOLÓGICA?

- Reconoce la función social de los diversos tipos de textos que lee.
- Identifica la silueta o el formato de los textos que lee.
- Elabora hipótesis acerca del sentido global de los textos, antes y durante el proceso de lectura; para el efecto, se apoya en sus conocimientos previos, las imágenes y los títulos.
- Identifica el propósito comunicativo y la idea global de un texto.
- Elabora resúmenes y esquemas que dan cuenta del sentido de un texto.
- Compara textos de acuerdo con sus formatos, temáticas y funciones.

### *Literatura*

#### *Comprensión de textos literarios para propiciar el desarrollo de la capacidad creativa y lúdica*

- Lee fábulas, cuentos, poemas, relatos mitológicos, leyendas, o cualquier otro texto literario.
- Elabora y socializa hipótesis predictivas acerca del contenido de los textos.
- Identifica maneras de cómo se formula el inicio y el final de algunas narraciones.
- Diferencia poemas, cuentos y obras de teatro.
- Recrea relatos y cuentos cambiando personajes, ambientes, hechos y épocas.
- Participa en la elaboración de guiones para teatro de títeres.

## Medios de comunicación y otros sistemas simbólicos

### Reconocimiento de los medios de comunicación masiva y caracterización de la información que difunden

- Identifica los diversos medios de comunicación masiva con los cuales interactúa.
- Caracteriza algunos medios de comunicación: radio, televisión, prensa, entre otros.
- Comenta sus programas favoritos de televisión o radio.
- Identifica la información que emiten los medios de comunicación masiva y la forma de presentarla.
- Establece diferencias y semejanzas entre noticieros, telenovelas, anuncios comerciales, dibujos animados, caricaturas, entre otros.
- Utiliza los medios de comunicación masiva para adquirir información e incorporarla de manera significativa a sus esquemas de conocimiento.

### Comprensión de la información que circula a través de algunos sistemas de comunicación no verbal

- Entiende el lenguaje empleado en historietas y otros tipos de textos con imágenes fijas.
- Expone oralmente lo que le dicen mensajes cifrados en pictogramas, jeroglíficos, etc.

- Reconoce la temática de caricaturas, tiras cómicas, historietas, anuncios publicitarios y otros medios de expresión gráfica.
- Ordena y completa la secuencia de viñetas que conforman una historieta.
- Relaciona gráficas con texto escrito, ya sea completándolas o explicándolas.

## *Ética de la comunicación*

### *Identificación de los principales elementos y roles de la comunicación para enriquecer procesos comunicativos auténticos*

- Reconoce los principales elementos constitutivos de un proceso de comunicación: interlocutores, código, canal, texto y situación comunicativa.
- Establece semejanzas y diferencias entre quien produce el texto y quien lo interpreta.
- Identifica en situaciones reales los roles de quien produce y de quien interpreta un texto.
- Identifica la intención de quien produce un texto".

## *Teoría de las seis lecturas*[14]

Las seis lecturas o niveles de lectura, son:

*Fonética: Es la etapa inicial de aprendizaje de un individuo, el pronunciar correctamente las palabras de un texto.*

---

[14] ZUBIRÍA SAMPER, Miguel de. Teoría de las seis lecturas: mecanismos del aprendizaje semántico. 1996

*Decodificación* primaria: Se dejan de pronunciar solamente las palabras para avanzar al siguiente nivel, saber el significado de las palabras, para su uso adecuado en el léxico.

*Decodificación* secundaria: Sabiendo ya el significado de las palabras y su uso en el texto, se pasa a un nivel más avanzado, la interpretación de frases y oraciones para obtener una idea concreta.

*Decodificación* terciaria: Este nivel se refiere a la comprensión de párrafos, el sacar una idea concreta de cada párrafo a partir de la interpretación de cada oración como un todo.

*Lectura* categorial: El nivel que abarca la comprensión del texto como tal, su comprensión total y su significado en el mundo real.

*Lectura* metasemántica: Es la categoría final, el máximo nivel, no se limita al texto como tal, sino que también abarca la opinión y la argumentación del lector formando un pensamiento crítico.

Sólo se llega a ser un comunicador completo y exitoso o un buen lector cuando, en el proceso de aprendizaje, se ha evolucionado por los seis niveles de lectura.

## La alfabetización no es un lujo ni una obligación: es un derecho[15]

"Un derecho de niños y niñas que serán hombres y mujeres libres (al menos eso es lo que deseamos),

---

[15] FERREIRO, Emilia Del artículo: Leer y escribir en un mundo cambiante. Méjico. 2000

## 2. ¿CUÁL ES EL FUNDAMENTO DE LA PROPUESTA METODOLÓGICA?

ciudadanos y ciudadanas de un mundo donde las diferencias lingüísticas y culturales sean consideradas como una riqueza y no como un defecto. Las distintas lenguas y los distintos sistemas de escritura son parte de nuestro patrimonio cultural. La diversidad cultural es tan importante como la bio-diversidad: si la destruimos, no seremos capaces de recrearla.

Venimos de un 'pasado imperfecto', donde los verbos 'leer' y 'escribir' han sido definidos de maneras cambiantes -a veces erráticas- pero siempre inefectivas; vamos hacia un futuro complejo (que algunos encandilados por la técnica definen como un 'futuro simple', exageradamente simple).

Quizás sea posible que las voluntades se junten; que los objetos incompletos producidos por los editores encuentren a los lectores en potencia (que son también productores de textos tanto como productores de sentido); que los maestros de primaria recuperen, junto con sus alumnos, la capacidad de reír, llorar o sorprenderse cuando leen; que nadie tenga miedo a las nuevas tecnologías pero tampoco espere de ellas efectos mágicos; que nos comprometamos con los futuros lectores para que la utopía democrática parezca menos inalcanzable.

Los niños -todos los niños-, se los aseguro, están dispuestos a la aventura del aprendizaje inteligente. Están hartos de ser tratados como infra-dotados o como adultos en miniatura. Son lo que son y tienen derecho a ser lo que son: seres cambiantes por naturaleza, porque aprender y cambiar es su modo de ser en el mundo.

Entre el 'pasado imperfecto' y el 'futuro simple' está el germen de un 'presente continuo' que puede gestar un futuro complejo: o sea, nuevas maneras de dar sentido (democrático y pleno) a los verbos 'leer' y 'escribir'. Que así sea, aunque la conjugación no lo permita".

## *Foro: Aprendiendo con el Bicentenario*[16]

"El año 2010 se constituye en una preciosa oportunidad para la sociedad colombiana que debe ser invertida en una profunda reflexión sobre lo que han significado los primeros 200 años de la proclamación de la independencia de nuestra patria.

Para el sistema educativo significa la posibilidad de darle sentido a la escuela dentro del contexto de las gestas libertarias, de confrontar sus cambios en prácticas pedagógicas, currículos, tendencias organizacionales, relaciones de la escuela con la familia y de ésta, con la escuela, durante esos años y de aquellos vividos en autonomía y libertad, de mirar cómo su acción ha contribuido en la preparación de la conciencia del pueblo colonizado, hasta hacerlo perceptor pleno del significado y de la necesidad de una verdadera libertad, de la autodeterminación, del ejercicio de la soberanía dentro del respeto a las libertades ciudadanas, como marco sine quanum, no es posible el verdadero desarrollo humano.

Inevitablemente este ejercicio deberá conducirnos a reeditar la importancia de la escuela formal en la cotidianidad del hombre, de todos los hombres y todas las regiones, nos dirá que, a pesar de las profundas transformaciones educativas que han

---

[16] LIZCANO GARCÍA, Pedro Jesús. Tunja 2010

## 2. ¿CUÁL ES EL FUNDAMENTO DE LA PROPUESTA METODOLÓGICA?

*surgido en la última década, restan muchas más, para poder sacar a la escuela de su rezago cerrando la profunda brecha que la separa de las demás organizaciones sociales cuya dinámica es sorprendente. A pesar de que nos movemos en una escuela dedicada a resignificar la enseñanza y el aprendizaje a través de la preeminencia de procesos pedagógicos que buscan el desarrollo de habilidades y competencias para la vida, no solamente escolar sino, para toda la vida misma. Esta aspiración es apenas un propósito que busca consolidarse y apropiarse del escenario educativo, pero que sigue careciendo de la robustez y del compromiso generalizado de todos los actores sociales que tienen que ver con la educación.*

*La reflexión aquí planteada debe estar dirigida a generar en la sociedad profundos, procesos de Metanoia que la lleven a integrar de manera holística, 'el quehacer', 'el querer' y 'el deber ser' de la educación a fin de que surjan en todas las esferas, caminos expeditos que favorezcan la erradicación de los males que aquejan este país: pobreza, violencia, inequidad, exclusión, atraso, desidia, falta de pertinencia al lado de una rampante ineficacia, características que develan una muy baja calidad educativa, especialmente en los ámbitos oficiales, cuya inoperancia es tan palmaria que da vergüenza profunda y de la cual difícilmente se podrá salir mientras se siga en el oficio de replicar los pecados de la escuela decimonónica, en un escenario absolutamente diferente al de aquellos tiempos.*

*La escuela posmoderna debe fijarse en un modelo de hombre que requiere posibilidades para el* éxito, las cuales tienen que ver con la capacidad para desarrollar un pensamiento complejo, un pensamiento integrador, que le permita decidir desde las diferentes aristas de la vida, una escuela que lo impulse a arriesgarse, a proponer con sentido, a buscar nuevas alternativas, a adoptar como estilo de vida la flexibilidad, la innovación y la creatividad para que pueda adaptarse sin dificultad a las exigencias de un mundo dinámico, impredecible y cambiante".

## 3. ¿POR QUÉ ABOLIR DEL AULA PLANAS, DICTADOS Y OTRAS PRÁCTICAS TRADICIONALES?

Cuando empecé a observar los escritos, que mis hijos y los niños cercanos a mí hacían libremente, comprobé que las teorías, sobre este aprendizaje, formuladas por aquellas discípulas de Piaget[17] eran realmente acertadas y ubiqué a cada niño, según sus escritos, en un nivel de apropiación de la lectoescritura[18]. También observé directamente, que cada niño va formulando sus propias conjeturas para explicar el funcionamiento de la lectoescritura y, tan pronto se da cuenta que su suposición no es valedera formula una nueva que se ajuste a su descubrimiento. Fue entonces, cuando comprendí por qué se les dificulta aprender a leer y escribir así se les diga muchas veces qué sonido tiene cada letra, cada sílaba y cada palabra; ellos mecánicamente repiten lo que se les exige, apelando sólo a la memoria inmediata porque todavía no han elaborado su propio proceso de asimilación; pero en la interacción con actividades

---

[17] Ver aquí: Investigaciones de Emilia Ferreiro y Ana Teberósky (pág. 30).
[18] Ver aquí: Etapas del proceso de adquisición de la lectoescritura (pág 32) y Diagrama 1. Niveles del proceso de la adquisición de la lectoescritura (pág. 101)

### 3. ¿POR QUÉ ABOLIR DEL AULA PLANAS, DICTADOS Y OTRAS PRÁCTICAS TRADICIONALES?

lectoras y escritoras, el niño individualmente va construyendo su conocimiento y, al darse cuenta que hay un conflicto entre su hipótesis y un determinado escrito se produce un desequilibrio en sus esquemas mentales del momento y entonces, al tratar de asimilar y/o acomodar la nueva información, se formula la siguiente hipótesis hasta culminar el proceso de apropiación de este saber. En aquel momento, deja de hacer lo que los adultos consideramos *"errores"* y *"omisiones"*. Debo decir que el desconocimiento de estos mecanismos del pensamiento del niño era, precisamente, lo que hacía tan arduo mi trabajo; pues, aquella metodología, iba en contra de su naturaleza misma.

Así como por necesidad aprendimos a hablar el idioma de forma natural a través del contacto permanente con personas que lo hablaban, también se puede aprender a leer y escribir de manera natural; para ello se deben propiciar en el aula de clases ambientes donde se haga necesaria la comunicación escrita para dar al niño la oportunidad de descubrir sus elementos, normas y funciones.

Es por esto que se deben erradicar definitivamente las odiosas prácticas tradicionales de iniciación a la lectoescritura que *"obligan a aprender"* de la peor manera: aburridoras y torturantes planas, grafismos sin sentido, familias silábicas vacías, deletreos aberrantes, remedos de transcripciones e insulsos dictados que, en vez de acercar al estudiante al lenguaje escrito, lo alejan casi irremediablemente porque sus huellas negativas son muy difíciles de erradicar y hacen de la escuela un lugar tedioso y un sacrificio obligado para "abrirse paso en la vida". Las planas terminan haciendo que el estudiante huya de la escritura por la falta de sentido y porque son utilizadas, casi como instrumento de castigo, para obligarlo a permanecer quieto y ocupado. El niño finalmente desarrolla estrategias para *"cumplir"*, llenando cuadernos con prácticas viciadas, que le impiden adquirir habilidades escritoras, haciéndose incapaz de producir textos de calidad y más bien desarrollando manías y fobias.

Los dictados alejan al estudiante del ejercicio de la autonomía y le impiden el razonamiento y la construcción de textos propios, formando un individuo inseguro que teme hablar en público, no puede desarrollar su autonomía y entonces evita a toda costa tomar decisiones y fácilmente es manipulado por otros. Esta práctica enseña tácitamente que sólo el maestro puede hacer las cosas bien y considera al niño incapaz, sometiéndolo a lo que la escuela impone. Esta infortunada experiencia hace que pierda el ímpetu natural que traía de experimentar, aprender, conocer y saber. Es de esta forma como su potencial mental pierde la mejor oportunidad para manifestarse en esta etapa de la vida, cuando es fácilmente moldeable como una plastilina nueva. Muchos se rebelan ante el obligado entrenamiento mecánico y sin sentido, y fracasan en la escuela.

La apatía por la actividad académica le deja secuelas duraderas pues no adquiere gusto por la lectura, porque no está ejercitado suficientemente para hacerlo con solvencia, habilidad y comprensión, ya que en las prácticas escolares cotidianas sólo se enseña el

## 3. ¿POR QUÉ ABOLIR DEL AULA PLANAS, DICTADOS Y OTRAS PRÁCTICAS TRADICIONALES?

primer nivel de lectura conocida como lectura fonética, que consiste en leer las palabras mediante análisis y síntesis de los fonemas solamente, haciéndolo un simple descifrador o vocalizador. Esto ocasiona que el niño tenga dificultad en el momento de analizar cualquier tipo de texto, pues lo único que se le ha enseñado es a leer las palabras sin comprender lo que se lee, de la forma correcta. Por eso es importante incursionar en los otros niveles de lectura[19] para que pueda tener un mejor desarrollo mental que le facilite la comprensión de cualquier texto, mejorando verdaderamente su habilidad y haciendo de él un lector pleno.

En la actualidad se hace más difícil "*obligar a aprender*" de la manera tradicional por la normatividad existente; ahora padres y maestros tenemos que medirnos en el ejercicio de la autoridad. Por otro lado, la promoción automática, vigente realmente, quitó otro instrumento de presión para "*obligar a aprender*". Además, el ambiente hoy tiene una atrayente variedad de distractores impensados antaño. Sin embargo, los maestros no podemos apuntarle a la mediocridad del estudiante ni declararnos impotentes en asegurarnos que aprenda bien. Por lo tanto, se necesitan estrategias audaces que lo cautiven, motiven y seduzcan, con un mínimo de recursos por las restricciones presupuestales que caracterizan al sector educativo, al que le sigue faltando mayor atención estatal por la visión mediática que no percibe que ella es la mejor inversión para tener un país mejor.

---

[19] Ver aquí: Teoría de las seis lecturas (pág.110)

Lo cierto es que en los primeros años de la escolaridad se adquieren competencias que son fundamentales en la vida y, por lo mismo, deben ser bien aprendidas desde el inicio. Para ello, se deben implementar en a educación preescolar y básica prácticas en el aula que fomenten el interés por los textos escritos, actitud natural e inevitable en el niño, pero que la escuela se encarga de eliminar con sus aburridoras prácticas.

Se deben promover actividades con propósitos claros, como la agudización de los sentidos, el desarrollo de las habilidades cognitivas y motrices que mejoren sus desempeños, la apropiación de los estándares básicos mediante la ejercitación continua, la práctica de los valores humanos y la formación de hábitos positivos conducentes al éxito de la persona en formación.

Los niños en esta etapa de la vida tienen un potencial maravilloso y, si la escuela construye bases sólidas para el manejo de la lengua, los maestros podrán orientarlos exitosamente en las etapas siguientes de la educación formal, mejorándoles sus competencias en vez de dedicarse a corregir vicios arraigados, que dificultan el progreso efectivo necesario para superar el analfabetismo funcional y abrir puertas a un futuro exitoso.

Una importante función del maestro es crear las condiciones para que cada niño aprenda a su ritmo y con seguridad, para que establezca desde el inicio un vínculo de amistad y confianza, y descubra que la lengua escrita es mucho más que conocer letras y juntarlas para formar palabras; supone comprenderla y organizarla para narrar, contar, informar, solicitar,

## 3. ¿POR QUÉ ABOLIR DEL AULA PLANAS, DICTADOS Y OTRAS PRÁCTICAS TRADICIONALES?

agradecer y felicitar, y que difiere de la expresión oral que ya maneja en mayor grado.

La escuela debe dar la oportunidad de conocer, manejar y utilizar los objetos creados por la cultura escrita, tales como cuentos ilustrados, diccionarios, revistas, juegos, enciclopedias, mapas, calendarios, credenciales, agendas, recibos, correos electrónicos, etiquetas, anuncios, instrucciones y formularios entre muchos otros. También, conocer y comprender las profesiones e instituciones vinculadas estrechamente con la cultura escrita como las bibliotecas, las editoriales, los escritores y los poetas, de manera que se inicie con plenitud en la cultura escrita y quede cautivado por ella para seguir utilizándola con confianza y propiedad. Esto supone un cambio en nuestra actual cultura de la oralidad, en la que muchos saberes se pierden con el tiempo, en todos los campos, por no contar por escrito muchas de las experiencias que podrían enriquecer notablemente a otros.

El ambiente del aula debe promover actitudes de tolerancia para que equivocarse no sea una *"falta grave"* sino una oportunidad de aprendizaje; así como al niño cuando empezó a hablar se le corregían con ternura los errores, cuando al intentar conjugar verbos decía *"yo no sabo cantar"* o *"mañana me comí un dulce"*, también, se le deben corregir con desenfado los *"errores"* en la comunicación escrita para que descubra el camino correcto y supere complacido, con seguridad y entusiasmo, cada etapa de apropiación de la lectoescritura y no haya espacios para la frustración ni el trauma.

Es evidente que las instituciones sociales han evolucionado, con una dinámica sorprendente a través del tiempo, pero la escuela ha sido muy poco permeable a los cambios, permanece rezagada y separada de la realidad actual. En efecto hay prácticas escolares que permanecen fieles a la educación de los siglos pasados, a pesar de las nuevas posibilidades que abre la normatividad vigente para su resignificación.

El concepto de alfabetización, también ha evolucionado a través del tiempo; en el pasado, un alfabetizado era quien sabía firmar y deletrear mensajes simples; actualmente, tiene que producir e interpretar textos cotidianos en diferentes soportes, buscar información en una gran variedad de fuentes, apreciar innumerables textos literarios circulantes, operar aparatos electrónicos sofisticados, pero sobre todo, el alfabetizado de hoy es quien es capaz de seguir aprendiendo durante toda su vida. Es sólo superando el analfabetismo como se consigue aprovechar los bienes del saber, contenidos en libros y materiales impresos, para ayudar a la formación del ciudadano consciente de sus derechos y obligaciones, que pueda continuar su formación en cualquier área del conocimiento y acceder con suficientes habilidades a las posibilidades del mundo de hoy.

Los efectos de las tradicionales prácticas de iniciación a la lectoescritura están a la vista, en todos los niveles de la educación, y no son nada halagüeños. ¿Será que haciendo planas, dictados, deletreos y demás, nuestros estudiantes pueden desarrollar habilidades y competencias para la vida dinámica, impredecible y cambiante que nos correspondió vivir?

## 3. ¿POR QUÉ ABOLIR DEL AULA PLANAS, DICTADOS Y OTRAS PRÁCTICAS TRADICIONALES?

¿Será que con aquellas prácticas se alcanzan los estándares básicos que hoy nos reclaman? Porque, "Locura es hacer la misma cosa una y otra vez esperando obtener diferentes resultados"[20]. La escuela no puede quedarse atrás; es urgente que se actualice con el momento histórico que se vive y se apropie de las nuevas tecnologías y de los saberes que los estudiosos de la pedagogía aportan al mejoramiento del quehacer docente.

Aquí hay una invitación, abierta a los maestros, a ser osados y probar cambios en dichas prácticas; serán muchos los favorecidos al incursionar por otros derroteros en el ejercicio de la misión encomendada; los efectos positivos alcanzarán los niveles de la educación básica, media y superior, y hasta los desempeños profesionales verdaderamente exitosos dejarán de ser privilegio de unos pocos.

---

[20] EINSTEIN Albert.

## 4. ¿CÓMO INICIAR, ENTONCES, AL NIÑO EN LA LECTOESCRITURA?

Haciendo conciencia de lo dicho en los capítulos precedentes y después de reflexionar profundamente, tomé la decisión de iniciar a mis estudiantes en la lectoescritura sin hacerles un obligado entrenamiento mecánico y sistemático que los habilite como descifradores; es decir, sin hacer planas, ni dictados, ni silabeo, ni deletreo; sin pretender enseñar letra por letra y combinación por combinación en un momento determinado; con el típico instructivo o "*cartilla*", para escribir con la de sapo, con la de loma, con la de papá, ni insistiendo en las familias silábicas, como a mí me enseñaron y como tradicionalmente se hace en mi entorno.

Entonces, ¿qué hacer en el aula de clases? Estimular el intelecto de los niños para la construcción natural de texto a ritmo individual y lectura comprensiva; a la par con el mejoramiento de la técnica para el trazado apropiado de las letras y la correcta oralización.

Pensé que debía propiciar en el salón de clases un ambiente que facilite a los estudiantes el aprendizaje natural de la lectura y la escritura, valorando y estimulando sus esfuerzos cognitivos, afinando sus sentidos, usando a diario un lenguaje, técnico y enciclopédico, que los lleve a niveles superiores de comunicación y, desde luego, motivándolos a hacer los esfuerzos pertinentes para alcanzar suficiente habilidad motriz y oral.

Para ello seleccioné, con un presupuesto mínimo, una serie de actividades lúdicas como lecturas, juegos y retos que hicieran necesario leer y escribir bien, para que cada uno avance a su propio ritmo aprovechando sus saberes previos y estimulando su intelecto para enfrentar a diario situaciones que ponen a prueba sus propias capacidades cognitivas para verificar sus hipótesis o reelaborarlas, respondiéndose continuamente a sus interrogantes sobre qué es lo que la escritura representa y cómo lo hace, hasta lograr la comprensión de los mecanismos de esta nueva forma de comunicación y al mismo tiempo abriendo espacios suficientes en el aula para mejorar la habilidad motriz fina necesaria en el trazado de las letras y la producción textual, y también, el entrenamiento suficiente en lectura fluida y comprensiva para adquirir confianza y seguridad; creando así un estrecho vínculo con esta cultura para que pueda complacerse leyendo y escribiendo mejor cada día.

Con la experiencia adquirida durante mi práctica docente he podido evidenciar cómo se puede sacar mejor provecho a las actividades en el aula de clases. Por eso me atrevo a proponer, en este sector del libro, una especie de instructivo detallado para hacer más productiva cada una de las actividades diarias y ocasionales que reemplazan a las planas y los dictados a fin de que quien las implemente obtenga resultados exitosos.

## Actividades diarias de iniciación a la lectoescritura que desarrollan competencias lingüísticas y comunicativas

Desde el primer día de clases en primer grado, en lugar de las tradicionales prácticas de planas y dictados propongo realizar diariamente, como actividad central, la hora del cuento acompañada de otras prácticas como escribir la fecha y el nombre, leer abecedarios, memorizar poemas y canciones infantiles, jugar con loterías, hacer razonamientos lógicos, construir y transcribir textos. Propongo además, realizar ejercicios de pre-lectura y pre-escritura, introduciéndolos poco a poco en juegos con palabras, con variantes adicionales a medida que los niños avancen en su proceso, y otras actividades ocasionales que aportan a su formación como lectoescritores.

La participación en situaciones y actividades que despierten la necesidad de leer y escribir bien le permiten al niño utilizar sus saberes, motivarse para descubrir cómo es el funcionamiento de la lengua escrita dinamizando su pensamiento y ejercitarse en su uso para desarrollar las habilidades necesarias hacia el dominio de esta forma de comunicación.

Durante *la actividad de construcción de texto*, el niño está en total libertad para deambular por el aula, acercarse a las ayudas que se utilizan en el desarrollo de las actividades diarias, hacer consultas al maestro o a

## 4. ¿CÓMO INICIAR, ENTONCES, AL NIÑO EN LA LECTOESCRITURA?

los mismos compañeros, y buscar en el cuaderno o en el diccionario la información que necesite. Eso sí, haciendo su construcción individual, sin transcribir lo que otros hacen y sin obstaculizar que realicen su propio trabajo.

Estos escritos, hechos libremente, son para el maestro un valioso material, que le va a servir para analizar e identificar el nivel alcanzado por cada estudiante durante su proceso de aprendizaje[21].

*Las prácticas de transcripción de texto* para la ejercitación motriz y *el desarrollo de habilidades cognitivas básicas* como la atención, la escucha, la concentración, la observación, la memoria, el razonamiento y la captación, entre otras, deben ser de alta exigencia, gradual y permanente, hasta que sean apropiadas plenamente por el niño, asegurando así su éxito al incursionar en otros saberes.

Por construir texto a ritmo individual no se puede descuidar la ejercitación motriz fina, la formación de hábitos positivos y la apropiación de valores fundamentales que faciliten el éxito en esta nueva forma de comunicación empleada permanentemente tanto en el sistema escolar que apenas inicia, como en la propia cotidianidad.

*La ejercitación en lectura fluida y comprensiva* va inmersa en todas las actividades diarias. Es importante comprobar que lo que el niño lea y/o escriba sea claramente comprendido, para que los juegos y ejercicios sean útiles, y leer con fluidez sin permitir el deletreo ni el silabeo. Entonces, conviene dar

---

[21] Ver aquí: ¿Cómo evidenciar el avance en el proceso de lectoescritura? (pág. 95)

al inicio tiempo suficiente para que se haga una lectura mental previa a la lectura oral, así ésta será siempre fluida.

## ■ Escribir la fecha

Al llegar al aula el primer día de clases, el maestro escribe en el tablero la fecha con letra script y cursiva, sobre renglones bien trazados con marcador permanente o tiza mojada, mientras los estudiantes observan detenidamente.

El maestro debe tener en cuenta la dirección, la forma y el orden de los trazos de las letras y números. Esta información está bien explícita en los textos de preescolar y de caligrafía para que se apropie de este saber y enmiende, si es necesario, sus propias prácticas incorrectas, seguramente adquiridas en los primeros años de escolaridad, a fin de que los nuevos estudiantes tengan la oportunidad de aprender bien desde el principio, garantizándoles una caligrafía óptima.

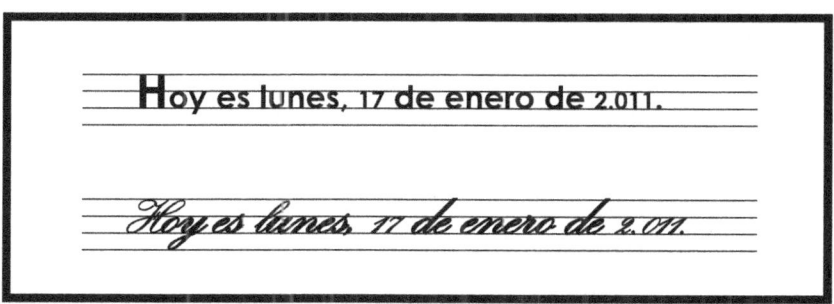

El maestro hace la lectura de la fecha de manera fluida señalando lo que lee y los estudiantes repiten; luego la leen al tiempo con el maestro y finalmente lo hacen solos.

## 4. ¿CÓMO INICIAR, ENTONCES, AL NIÑO EN LA LECTOESCRITURA?

Al analizar la fecha, resulta útil que el maestro pregunte a los niños cuántas palabras hay, dando oportunidad a quienes quieran responder, luego señala y cuenta las palabras; así cada uno reconoce si tiene claro el preconcepto y acomoda sus estructuras mentales. De igual manera, se continúa analizando cuántas letras forman la palabra y cuántas vocales tiene. Se identifican las palabras que son iguales a las del día anterior, cuántas letras mayúsculas y cuántas minúsculas y cuáles palabras han cambiado, cuántas letras ocupan un espacio y cuántas dos, cuáles suben y cuáles bajan. El maestro pide que cuenten los números que tiene la fecha, cuántas cifras tiene el primer número, cuántas el segundo y cuál número es diferente al del día anterior. En cada caso se va comprobando cada respuesta, estimulando a los que aciertan y sin descalificar a quienes no dan respuestas acertadas. Muy pronto todas las respuestas serán correctas.

A continuación el maestro invita a los estudiantes para que cada uno imite los trazos del tablero con el dedo en el aire, sobre el pupitre, en la espalda del compañero o en el piso, tal como lo hace el maestro: en la letra cursiva de izquierda a derecha sin interrumpir el trazo al escribir la palabra y colocando tildes, puntos y trazos complementarios al final. En la letra script, de arriba hacia abajo los trazos verticales, de izquierda a derecha los trazos horizontales e iniciar los círculos en el lado superior derecho, bajando por la izquierda y subiendo por la derecha.

Luego cada estudiante transcribe la fecha con lápiz al cuaderno; en los primeros días se les acepta lo que puedan hacer, y se estimulan por ello, pues lo importante es que se animen a intentar. Poco a poco, sugerirles que se fijen en algún aspecto, como uso del renglón, dirección, tamaño, exactitud, firmeza de los trazos y demás, para arreglarlos, o hacerlos teniendo en cuenta lo observado en detalle; con estas constantes y permanentes mejoras se logra su perfeccionamiento.

El maestro debe buscar estrategias para exponer los trabajos realizados en la clase; es importante que todos puedan apreciar lo que hacen los demás compañeros, así se estimulan para mejorar los escritos.

Cuando hayan pasado varios días de clases los niños deber llegar directamente a escribir la fecha en el cuaderno para que luego el maestro lo haga en el tablero y se continúa haciendo el proceso arriba expuesto, si hubo errores el niño hace las correcciones transcribiendo del tablero, más adelante puede hacerse una coevaluación para identificar los errores y que cada niño corrija caligrafía y ortografía en su escrito.

### ■ Escribir el nombre

El primer día de clases, el maestro lee la ficha con el nombre de cada estudiante y se la entrega para que la observe detalladamente, la lea cundo se le solicite y la coloque sobre el pupitre por el resto de la jornada, para que se familiarice con ella.

La ficha tiene escrito dos veces el nombre, correcto y completo, de cada estudiante con letra script y cursiva. El tamaño de las letras debe ser el mismo que se va a utilizar en el cuaderno; así el niño lo puede transcribir con más facilidad y exactitud. Todas las fichas se hacen con el mismo color y decoración, para que sean identificadas sólo por los rasgos de las letras, desarrollando observación, agudeza, discriminación y memoria visual. Si es posible, las fichas pueden ser impresas con el tipo de letra y tamaño mostrados:

> María Fernanda García Sierra
> *María Fernanda García Sierra*

Al final de la jornada, todos los niños dejan la ficha del nombre en un lugar del salón previamente acordado.

Al día siguiente y de ahí en adelante, los estudiantes pasan por grupos a seleccionar su ficha; quien no la reconozca en su turno espera al final para que la profesora le ayude con la lectura.

Cada estudiante sigue los trazos con el dedo sobre la ficha, teniendo en cuenta las mismas recomendaciones para realizar la actividad de escribir la fecha.

A continuación cada estudiante transcribe su nombre con lápiz al cuaderno, a una "hoja de trabajo" o a una "hoja de construcción de texto", una sola vez con cada tipo de letra; en los primeros días se les acepta lo que puedan hacer. Poco a poco se invitan a observar con más detenimiento y a hacer las correcciones correspondientes sin descalificaciones pero haciendo mejorar continuamente los detalles que falten por perfeccionar, hasta lograr la total exactitud.

Como ésta es una actividad diaria, pronto todos lo van a hacer correctamente sin tener que apoyarse en la ficha; aprendiendo a escribir correctamente su nombre y desarrollando, entre otras habilidades, la atención, la concentración, la motricidad fina y la observación, junto con la discriminación y la memoria visual.

## ■ *Memorizar poemas y canciones infantiles*

Los niños, que van terminando el trabajo escrito con la fecha y el nombre, se acercan a leer en un cartel un poema infantil, el mismo hasta memorizarlo. Es importante recalcar que, en esta actividad, se debe señalar y mirar en el escrito lo que se está diciendo, pero sólo al inicio, hasta que alcancen el nivel alfabético y el control de los movimientos oculares, evitando que adquieran el hábito. Esto se hace con cada nueva canción o poema, se requiere tenerla por escrito, en un cartel bien elaborado con letra grande para facilitar la participación. además, a cada estudiante se le facilita la fotocopia en tamaño personal.

Esta práctica les ejercita los movimientos oculares, la correcta pronunciación, vocalización, entonación y modulación de la voz, la comprensión lectora, la atención, la concentración, la discriminación visual y auditiva, el enriquecimiento del vocabulario, la observación y la memoria; les permite relacionar los sonidos con los versos, las palabras y las letras, facilitándoles alcanzar pronto el nivel alfabético en el proceso de apropiación de la lectoescritura e inclusive incursionar, desde el inicio, en ortografía y gramática.

4. ¿CÓMO INICIAR, ENTONCES, AL NIÑO EN LA LECTOESCRITURA?

■ *Leer abecedarios*

**Abecedario en letra Script minúscula**

a b c ch d e f g h
I j k l ll m n ñ o p
q r s t u v w x y z

**Abecedario en letra Script mayúscula**

A B C Ch D E F
G H I J K Ll M
N Ñ O P Q R S
T U V W X Y Z

**EL PLACER DE LEER Y ESCRIBIR** ¡...adiós planas y dictados!

**Abecedario en letra Cursiva minúscula**

a b c ch d e f g h
i j k l ll m n ñ o p
q r s t u v w x y z

**Abecedario en letra Cursiva mayúscula**

A B C Ch D E F
G H I J K L Ll M
N Ñ O P Q R S
T U V W X Y Z

## 4. ¿CÓMO INICIAR, ENTONCES, AL NIÑO EN LA LECTOESCRITURA?

Trabajando en *"pirámide invertida"*[22], se lee y se señala cada letra del abecedario escrito en letra script y cursiva tanto en mayúscula como en minúscula. Para facilitar la dinámica, es importante tenerlos en carteles tamaño pliego muy bien elaborados, preferiblemente en la computadora. Cada niño debe tener fotocopia de los abecedarios. Empieza la lectura el maestro, señalando cada letra, luego los niños a la par con él y finalmente solos. Después de leerlo secuencialmente por varios días, se procede a hacerlo señalando las letras en forma aleatoria; esto hace que centren la atención y memoricen los nombres correctos de las letras.

Se proponen distintos juegos, y competencias empleando el abecedario como: saltar al lazo o rebotar un balón al piso o a la pared, con una mano o alternando la izquierda y la derecha, para reconocer a quienes coordinen mejor o lo digan más rápido, claramente y sin equivocaciones.

Esta actividad les agudiza la percepción visual y auditiva, les ejercita la atención, la concentración, la observación, la memoria y la asociación de los sonidos con las letras, lo cual les facilita el proceso lectoescritor.

### ■ *Leer cuentos*

Ésta debe ser la actividad central de cada día. El maestro organiza a los estudiantes de manera que todos estén cómodos, tengan contacto visual con él y estén próximos para no forzar la voz al leer.

En la pre-lectura mencionar el título del cuento, el autor, la descripción del libro, tamaño, número de

---

[22] Ver aquí: ¿Cómo facilitar el cambio de estrategia? (pág. 110)

páginas, la editorial y otros detalles sobre lo que se va a leer; permitir en lo posible que los niños toquen, observen y aprecien el libro, su tamaño, su peso, la dureza de sus tapas, las ilustraciones exteriores y luego las interiores; aquí los niños pueden especular un poco acerca del contenido del cuento basados en el título.

El maestro lee el cuento de la mejor manera posible, de forma fluida, modulando la voz, teniendo en cuenta los signos de puntuación, vocalizando y pronunciando correctamente todos los sonidos, sin regresiones ni interrupciones. Además, sosteniendo el libro de manera apropiada, mirando ocasionalmente al auditorio, sin mover la cabeza de izquierda a derecha y, de ser posible, con música instrumental suave de fondo.

Con la ayuda de los estudiantes reconstruir el cuento, nombrar los personajes, identificar las palabras desconocidas y buscarlas en el diccionario; el maestro, a medida que busca la palabra, dice en voz alta el procedimiento para encontrarla, dando oportunidad a los estudiantes para que también lo hagan; leyéndoles si lo requieren, reconociendo públicamente a los que la encuentran e invitando a los demás para que lo sigan intentando. Los niños deben usar, en construcciones orales, la palabra o palabras desconocidas. El maestro puede escribirlas en el tablero con los sinónimos o su significado, e incorporarlas al lenguaje de las clases, cuando sea posible.

El maestro lee nuevamente el cuento mostrando las ilustraciones a los niños, haciendo pausas para que completen la idea y/o remplacen las palabras desconocidas por sus sinónimos. Cuando manifiesten más confianza, se les pide que imaginen qué podría ocurrir en el cuento si un determinado personaje actuara de cierta manera, cómo les gustaría que el cuento hubiera terminado, qué hubieran hecho ellos si les ocurriera lo mismo que a determinado personaje o qué enseñanza les deja, entre otros asuntos. Así van desarrollando criterio propio e incursionando en niveles superiores de lectura.

Con el tiempo, los mismos niños pueden hacer la segunda lectura; dando oportunidad a los que se animen a hacerlo por primera vez, y ayudándolos a superar poco a poco las dificultades. Se les puede facilitar una copia individual del cuento para que sigan la lectura mentalmente y lo lean varias veces en el aula y/o en la casa para que, más tarde o al otro día, lo lean en voz alta para todos con mayor fluidez.

Después, en una *"hoja para construcción de texto"*, ésta inicialmente puede ser media hoja de papel sin líneas que sólo contenga el código del estudiante para que el manejo del espacio se haga con total libertad, cada uno escribe con autonomía el título del cuento que se acaba de leer, los personajes y/o lo que más les gustó, entre otros asuntos. El texto que escriban debe crecer en tamaño y profundidad de contenido según el avance. En esta actividad es clave presentar diariamente nuevos retos y exigencias para que estén siempre motivados y alejados del tedio.

A medida que van terminando entregan el escrito al maestro, quien debe mostrarse complacido con cada niño por haber aceptado el reto de escribir solo. Los primeros días resulta un poco difícil que realicen este ejercicio porque ya les han dicho que *"no saben leer ni escribir"* pero cuando vean que el maestro les admite sin reproches lo que escriben, se animan a hacerlo con más espontaneidad.

El maestro debe estar presto a orientar a los niños que individualmente soliciten ayuda para encontrar la letra adecuada, usar correctamente las mayúsculas o cualquier otra inquietud; en lo posible guiándolos para que ellos mismos encuentren las respuestas a sus interrogantes.

Con estos escritos el maestro hace paquetes y los rotula con la fecha y el ejercicio propuesto, para guardar y posteriormente analizar el avance, de cada uno de sus estudiantes[23].

Después, los convoca para que lo observen escribir en el tablero y en los dos tipos de letra lo que les había propuesto; el título, los personajes o algo referente al cuento leído ese día. Luego, lee lo escrito en el tablero en forma fluida y los invita para que lo imiten en la lectura. Este momento es especial pues internamente cada niño relaciona lo escrito en el tablero con su actual hipótesis acerca de lo que es la escritura, es decir, con lo que él escribió libremente y, en algún momento, se dará cuenta que el escrito del maestro no se acomoda a su verdad; ahí descarta esa hipótesis y se formula la siguiente.

A continuación, cada estudiante transcribe con lápiz lo escrito en el tablero a su cuaderno siguiendo las mismas pautas de la transcripción de la fecha y el nombre. Al principio, aceptarles lo que pueden hacer pero, cada día de manera colectiva e individual, invitar

---

[23] Ver aquí: ¿Cómo evidenciar el avance en el proceso de lectoescritura? (pág. 95)

## 4. ¿CÓMO INICIAR, ENTONCES, AL NIÑO EN LA LECTOESCRITURA?

a observar detalladamente el texto escrito para mejorar algún aspecto de la transcripción, hasta alcanzar su perfección.

Como tarea, el niño debe contar a la familia el cuento leído ese día, hacer un dibujo alusivo, mostrar las transcripciones que hizo en el cuaderno y leerlas, si puede.

Cuando hayan alcanzado cierta fluidez en su proceso lector se les puede grabar la voz y permitir que se escuchen luego, para que perciban el progreso que van teniendo en la lectura de cuentos y se animen a seguir mejorando.

Esta actividad los divierte, desarrolla en los niños un gusto especial por la lectura y los estimula para aprender a leer de manera fluida, modulando la voz y comprendiendo el texto; les ejercita la memoria, la atención, la concentración y la escucha; les estimula la imaginación y el razonamiento; les enriquece el vocabulario y les enseña a participar y vencer la timidez para hablar y expresar sus puntos de vista en público; los estimula a construir texto y a transcribir con exactitud. Así agudizan la observación, la memoria visual, la ortografía, la gramática y la caligrafía, mejorando continuamente este saber.

### ■ *Jugar loterías*

El maestro organiza grupos, con los estudiantes, para jugar a la lotería; por ejemplo en la de animales hay un animal por cada letra del alfabeto, cada cartón tiene los dibujos de los animales y las fichas de cubrir sólo tienen el nombre de cada animal en los dos tipos de letra; al principio se muestran las fichas y se leen los nombres, después sólo se muestran. Quien tenga el animal reclama la ficha para cubrirlo en el cartón; gana quien primero llene su cartón correctamente. Así ejercitan la atención, la memoria, la ortografía, la agudeza y la discriminación visual, y pronto relacionan sonidos con palabras y letras.

### ■ *Realizar razonamientos lógicos*

El maestro presenta un grupo de objetos dibujos o letras con características comunes y una excepción, y mientras cantan:

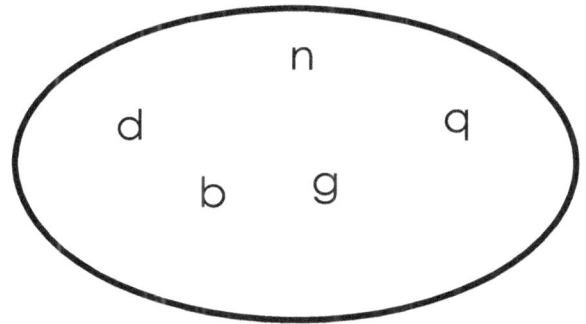

*"Una de estas letras,
no es como las otras,
es diferente de todas las demás.
Si dijiste que ésta: '**n**' es la diferente,
has adivinado de verdad."*

Cada niño selecciona la letra diferente y en la *"hoja de trabajo"* hace su anotación. Intercambian hojas con los compañeros y verifican la respuesta que se ha seleccionado como correcta, explicando por qué razones se hizo: porque la **"n"** es la única letra que *ocupa un solo espacio, y no tiene trazos circulares, las demás ocupan dos espacios y tienen trazos circulares.* Devolver la hoja al dueño y hacer reconocimiento público a quienes dieron la respuesta acertada. Cada vez, hacer el ejercicio más complejo para mantener el entusiasmo.

Este ejercicio les ayuda a desarrollar agilidad mental porque los hace pensar rápido, les agudiza la discriminación y la agudeza visual, la atención, la concentración y la observación, también los inicia en el razonamiento lógico y la coevaluación.

## *Otras actividades para el aula*

De acuerdo con la disponibilidad de tiempo y el avance alcanzado, el maestro va introduciendo poco a poco nuevas actividades, como:

### ➢ *Hacer ejercicios de pre-lectura y pre-escritura*

- Mantener la cabeza totalmente quieta, sin permitir que se mueva hacia los lados y con una velocidad constante mover los ojos horizontalmente de izquierda a derecha sobre el renglón impreso, *movimiento de progreso*, y al terminar el renglón se vuelve para iniciar el siguiente, *movimiento de retorno*. Este ejercicio se realiza sin señalar con el dedo y el control del mismo se hace en parejas para asegurar que todos lo realicen correctamente.

**A.** Contar secuencialmente y en silencio el número de puntos siguiendo los movimientos oculares arriba descritos. Se hace el ejercicio variando la cantidad de puntos y se repite las veces que se considere pertinente.

**B.** Hacer que los ojos pasen por cada palabra con la velocidad del pensamiento, sin detenerse, regresar ni pronunciar siquiera internamente.

| | |
|---|---|
| luz | azul |
| mano | limpia |
| niño | bueno |
| pan | caro |
| oso | gris |
| aire | puro |
| uña | corta |
| pez | grande |

Este ejercicio los prepara para leer con rapidez y eficacia porque les entrena los músculos oculares, evita hábitos negativos al leer, como la regresión, la subvocalización y los movimientos de la cabeza.

## 4. ¿CÓMO INICIAR, ENTONCES, AL NIÑO EN LA LECTOESCRITURA?

- Con trazos rectos de lápiz y siempre de izquierda a derecha, unir los puntos que tienen el mismo número.

1•　　　　　　　　　　　　•1
2•　　　　　　　　　　　　•2
3•　　　　　　　　　　　　•3
4•　　　　　　　　　　　　•4
5•　　　　　　　　　　　　•5


1•
2•　　　　　　　　　　　　•1
3•　　　　　　　　　　　　•2
4•　　　　　　　　　　　　•3
5•　　　　　　　　　　　　•4
　　　　　　　　　　　　　•5


　　　　　　　　　　　　　•1
1•　　　　　　　　　　　　•2
2•　　　　　　　　　　　　•3
3•　　　　　　　　　　　　•4
4•　　　　　　　　　　　　•5
5•

EL PLACER DE LEER Y ESCRIBIR ¡...adiós planas y dictados!

- Unir cada alimento con su objeto[24]. Seguir con trazos continuos las líneas intermitentes, siempre de izquierda a derecha y sin levantar el lápiz durante la realización de cada ejercicio.

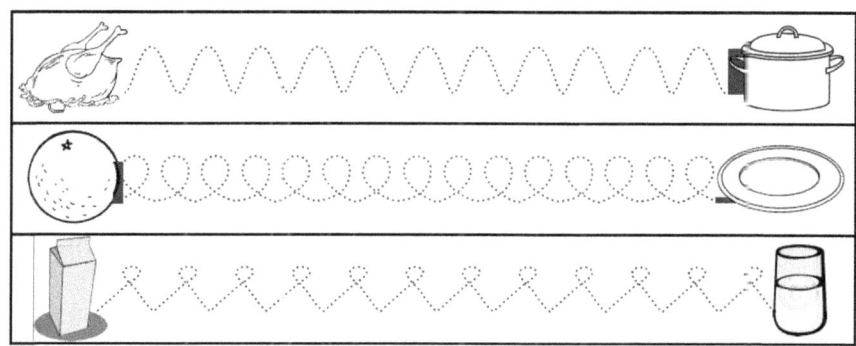

- Completar cada cuadro haciendo, de arriba hacia abajo, los trazos rectos indicados, atendiendo exactitud, dirección y espaciado.

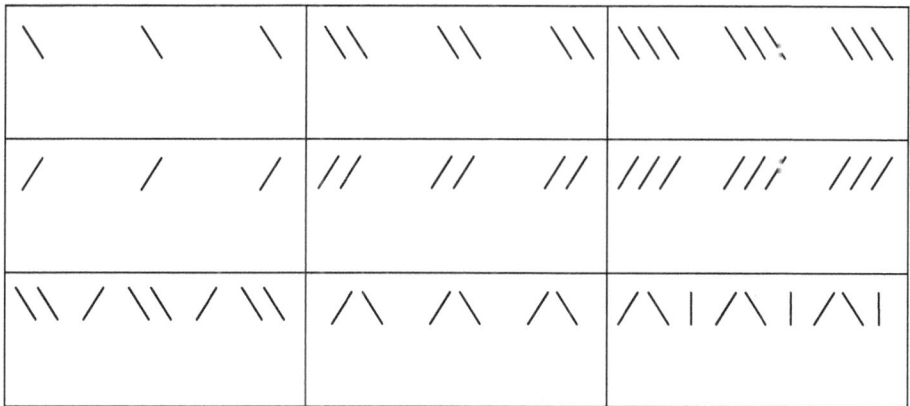

Ésta es solo una muestra de los muchos ejercicios que se pueden realizar para desarrollar coordinación, motricidad fina, discriminación y agudeza visual para facilitar el trazado correcto de las grafías.

---

[24] http://recursostic.educacion.es

## 4. ¿CÓMO INICIAR, ENTONCES, AL NIÑO EN LA LECTOESCRITURA?

### ➢ *Seguir laberintos*

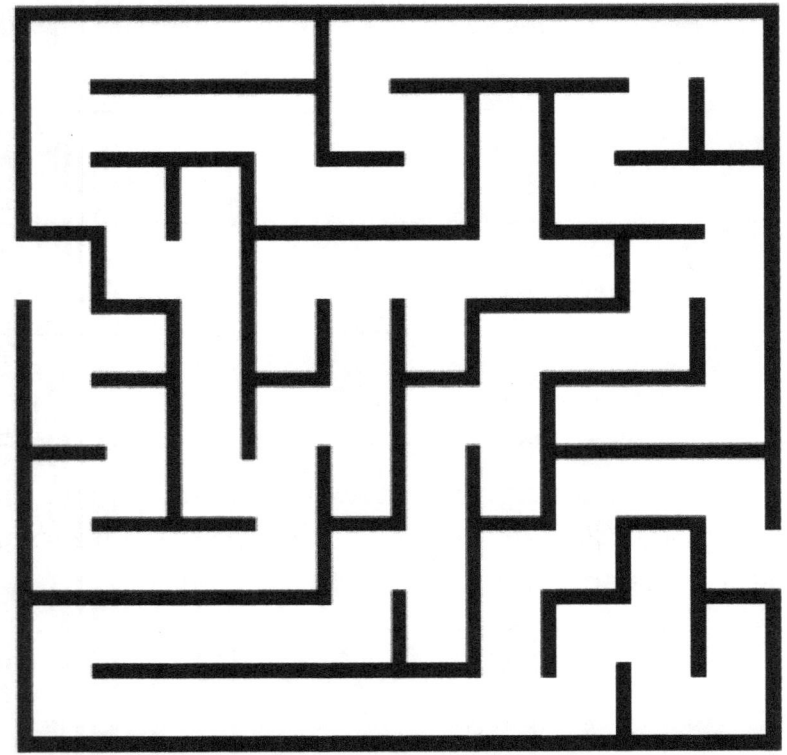

Llevar ejercicios para seguir laberintos cada vez más intrincados, permitiendo que cada quien desarrolle sus propias estrategias para agilizar la actividad pero dando pautas para ser tenidas en cuenta, como seguir el laberinto con un trazo lineal de un color determinado, que no toque las líneas laterales, etc.

Este ejercicio les agiliza la mente, la atención, la concentración y los ejercita en la rapidez de los movimientos oculares secuenciales y la motricidad fina al hacer trazos controlados.

**EL PLACER DE LEER Y ESCRIBIR** ¡...adiós planas y dictados!

## ➢ Leer imágenes

Llevar con frecuencia al aula imágenes para completar, unir puntos, organizar secuencias gráficas, interpretar mensajes y encontrar diferencias, entre otros.

## 4. ¿CÓMO INICIAR, ENTONCES, AL NIÑO EN LA LECTOESCRITURA?

Proponer ejercicios de dos dibujos que parecen idénticos pero que tienen algunas diferencias, cada uno resuelve el ejercicio enumerando las diferencias que va encontrando, intercambian los dibujos y con el concurso de todos y siguiendo un orden estratégico se identifican todas. Cada estudiante registra en el dibujo los aciertos que tuvo su compañero; hacer reconocimiento a los que las encuentran pronto. Colorear los dibujos luego.

Este ejercicio los divierte, los ejercita en uso de la coevaluación, les desarrolla la atención, la concentración, la agudeza y la discriminación visual, la observación y el orden, entre otras habilidades.

### ➤ *Jugar con palabras*

Esta actividad sirve a los estudiantes para mejorar la atención, la concentración, la memoria, la agudeza y la discriminación visual. También los estimula a descubrir cómo funciona la lengua escrita y cómo pueden desarrollar más habilidad para poder ganar, agilizando así el pensamiento y la lectura fluida.

Participar en juegos, además de divertirlos, les afianza valores como la honestidad, el respeto, la tolerancia y a asumir con madurez el triunfo o la derrota. Les amplia el vocabulario, los entrena en ortografía y caligrafía, y les agudiza la capacidad de observación.

Las palabras que se utilicen en el juego deben ser bien comprendidas por los niños, y leídas en forma fluida las veces que se considere pertinente; también se pueden transcribir al tablero y/o al cuaderno, con los niveles de exigencia ya expuestos.

Estos juegos se pueden hacer en el tablero, en los cuadernos, en fotocopias o, si es posible, en la

Internet; en la red hay opciones variadas y muy divertidas.

Estimular a los ganadores y dar a todos la oportunidad de terminar el ejercicio para desarrollar agilidad mental y perseverancia.

* *Formar palabras* con fichas de letras o de sílabas. Organizar pequeños grupos con los estudiantes y entregarles diez o más fichas, las mismas para todos los grupos y cada uno forma el mayor número posible de palabras y hace el listado de las mismas. Gana el grupo que forme más palabras en un tiempo previamente acordado.

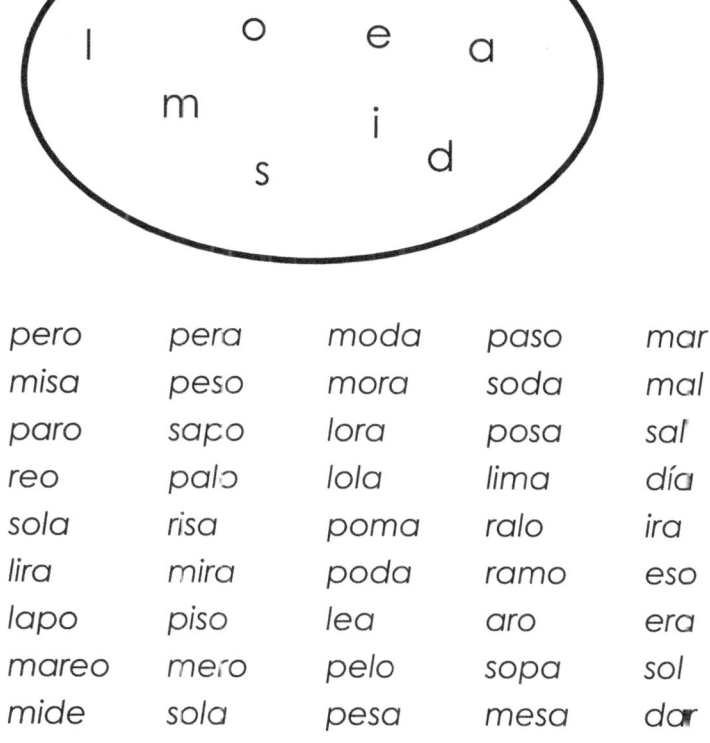

| pero | pera | moda | paso | mar |
| misa | peso | mora | soda | mal |
| paro | sapo | lora | posa | sal |
| reo | palo | lola | lima | día |
| sola | risa | poma | ralo | ira |
| lira | mira | poda | ramo | eso |
| lapo | piso | lea | aro | era |
| mareo | mero | pelo | sopa | sol |
| mide | sola | pesa | mesa | dar |

## 4. ¿CÓMO INICIAR, ENTONCES, AL NIÑO EN LA LECTOESCRITURA?

- *Hacer rimas sencillas*

    *Crispeta, maleta, carpeta, regleta...*
    *Sillón, salón, cajón, mirón, portón...*
    *Canción, atención, proporción, inyección...*
    *Pato, gato, mato, ñato, chato...*
    *Tijera, madera, palmera, ojera, cojera...*
    *Peca, beca, paca, laca, saca...*
    *Lombriz, feliz, perdiz, actriz, Beatriz...*
    *Pancho, gancho, ancho, rancho, plancho...*

Esto agudiza el oído, ejercita la correcta vocalización y facilita asociar sonidos con letras para alcanzar el nivel alfabético de construcción de la lectoescritura.

- *Jugar concéntrese* en parejas o en grupos más grandes, con un mínimo de cinco pares de fichas de letras, sílabas o palabras. Incrementar gradualmente el nivel de dificultad.

Se colocan en el piso o en una mesita los dos grupos de fichas separados y boca abajo, se barajan y por turnos cada jugador voltea una ficha de un grupo, la lee en voz alta y luego voltea una del otro grupo, la lee y si forma pareja con la primera ficha que descubrió, toma esas fichas, si no, las coloca otra vez boca abajo y juega entonces el siguiente, cada jugador hace lo mismo en su turno. Gana quien tenga el mayor número de fichas al terminar el juego.

Esta actividad les desarrolla memoria visual, atención y concentración; los ejercita en agudeza, discriminación visual y lectura fluida. Además, les da seguridad y los estimula para continuar asociando sonidos y letras.

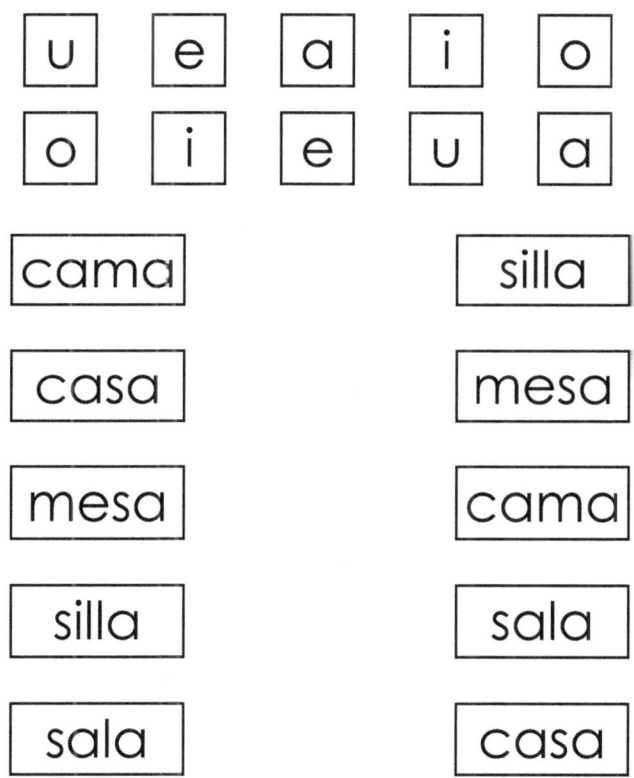

- *Formar palabras a partir de una palabra corta, de dos sílabas, cambiando una sola letra de la palabra original; hacer lo mismo con cada una de las palabras resultantes, sin repetir palabras, primero en grupos y luego individualmente.*

Este ejercicio les entrena en atención, concentración, memoria y observación; les ayuda a desarrollar agilidad en el pensamiento, agudeza y

## 4. ¿CÓMO INICIAR, ENTONCES, AL NIÑO EN LA LECTOESCRITURA?

discriminación visual y la asociación de sonidos con letras; les aumenta notablemente el vocabulario, hacen conciencia de lo que es una palabra y las muchas que conocen.

| **palo** | **pato** | **pato** | gato | **ralo** | rajo |
|---|---|---|---|---|---|
| | **ralo** | | rato | | malo |
| | **pelo** | | mato | | rolo |
| | **paso** | | ñato | | ramo |
| | **pago** | | lato | | dalo |
| | balo | | dato | | rulo |
| | polo | | peto | | talo |
| | pilo | | pito | | rato |
| | salo | | paso | | rabo |
| | galo | | bato | | raso |
| | malo | | paño | | rapo |
| | paro | | | | |

| **pelo** | celo | **paso** | caso | **pago** | paga |
|---|---|---|---|---|---|
| | lelo | | laso | | lago |
| | pela | | piso | | mago |
| | peco | | puso | | gago |
| | peso | | poso | | cago |
| | pego | | Paco | | vago |
| | pero | | paro | | pego |
| | peso | | taso | | |
| | peno | | pazo | | |
| | pedo | | | | |

**EL PLACER DE LEER Y ESCRIBIR** ¡...adiós planas y dictados!

- Construir pirámides de palabras con los estudiantes aumentando una letra en cada nivel, leerlas sin deletrear y cronometrando el tiempo de cada uno para establecer un récord y continuamente superarlo. Estas torres se pasan a la computadora y en fotocopias se pueden hacer nuevamente los ejercicios de lectura.

Se establecen condiciones a las palabras que forman la torre; por ejemplo, palabras de un determinado campo semántico: alimentos. Palabras que empiecen por una determinada letra: a.

Este ejercicio les mejora la agudeza, la discriminación y la ampliación visual, los movimientos oculares, la velocidad y la fluidez lectora, el reconocimiento de los sonidos de cada letra, lectura fluida, búsqueda en bases de datos, enriquecimiento del vocabulario y agilidad mental, entre otras habilidades.

*sal*

*soya*

*arepa*

*azúcar*

*galleta*

*pimentón*

*limonadas*

*emparedado*

*chocolatina*

*chicharrones*

4. ¿CÓMO INICIAR, ENTONCES, AL NIÑO EN LA LECTOESCRITURA?

*al*
*ajo*
*alto*
*amigo*
*añorar*
*acuario*
*amuletos*
*aguacates*
*alfondoque*
*aniquilados*
*arquitectura*
*animadversión*
*aromatizadores*
*apaciguamientos*
*arrepentimientos*
*arterioesclerosis*
*arterioesclerótico*

- Buscar palabras que empiecen con determinadas letras

| | | | |
|---|---|---|---|
| *venado* | *veneno* | *venta* | *ventana* |
| *compre* | *compadre* | *comprador* | *compinche* |
| *galgo* | *galón* | *galguería* | *galpón* |
| *destapar* | *despejar* | *deshojar* | *despeinar* |
| *madre* | *madrina* | *madroño* | *Madrid* |

- *Repetir trabalenguas* frecuentemente y abrir espacio en el aula para crear los propios. Este ejercicio les mejora la vocalización, la percepción auditiva la atención, la ortografía, la concentración, la memoria y la comprensión de textos.

*Curro corre por el cerro tras el carro.*

*A Cuesta le cuesta*
*subir la cuesta*
*y, en medio de la cuesta,*
*Cuesta se acuesta.*

*Un cabo le dijo a otro cabo:*
*- ¡Oiga cabo! ¿Cavo?*
*Y el cabo le contestó:*
*-Sí cabo, cave.*

*Un cabo le dijo a otro cabo:*
*- ¡Oiga cabo! ¿Quepo?*
*Y el cabo le contestó:*
*-Sí cabo, cabe.*

- *Llenar tablas con palabras* que se ajusten a las condiciones de las columnas y las filas; insistir en la importancia de la ortografía y la caligrafía.

| CLAVE | ANIMALES | OBJETOS |
|---|---|---|
| N | nutria | nevera |
| E | elefante | estufa |
| I | iguana | imán |
| V | vaca | vaso |
| A | avestruz | arepa |

## 4. ¿CÓMO INICIAR, ENTONCES, AL NIÑO EN LA LECTOESCRITURA?

| CLAVE | NOMBRES PROPIOS | CUALIDADES | ACCIONES |
|---|---|---|---|
| T | Teresa<br>Tomás | torpe<br>tajado | tener<br>tomar |
| I | Inés<br>Ignacio | infiel<br>imposible | imitar<br>iniciar |
| F | Fanny<br>Felipe | franqueza<br>fácil | fallar<br>fingir |
| O | Omaira<br>Oscar | oscuro<br>oculto | oprimir<br>optar |
| N | Nelly<br>Néstor | necio<br>nuevo | nacer<br>nadar |

• *Ordenar alfabéticamente las palabras* del siguiente cuadro, a la mayor velocidad posible; luego, buscar las palabras desconocidas en el diccionario.

| | | risa | gas | queso | | |
|---|---|---|---|---|---|---|
| vino | boca | | | | efe | dos |
| | | muro | sol | llanta | | |
| jarra | taza | imagen | hora | res | yodo | |
| | | | | | xilófono | |
| | | | arco | oso | wapití | |
| casa | | guiso | luz | limón | flor | |
| misa | uva | cepillo | ñato | tronco | kilo | |
| niño | gente | | | zorro | piso | |

| arco | guiso | muro | tronco |
| --- | --- | --- | --- |
| boca | hora | niño | taza |
| casa | imagen | ñato | uva |
| cepillo | jarra | oso | vino |
| dos | kilo | piso | wapití |
| efe | limón | queso | xilófono |
| flor | luz | risa | yodo |
| gas | llanta | res | zorro |
| gente | misa | sol | |

Así se ejercitan en discriminación visual, velocidad lectora, movimientos oculares, ampliación del vocabulario, afianzamiento del abecedario y organización de la información. Sugerir estrategias de orden para hacer más eficiente la búsqueda.

- *Jugar bingos* con palabras de una condición específica. Bingo de nombres comunes, de ciudades, de animales, etc.

| B | I | N | G | O |
| --- | --- | --- | --- | --- |
| bata | imagen | nata | gallo | ogro |
| baño | indio | nariz | guante | ojo |
| boca | iglesia | nota | gorro | oso |
| barro | impuesto | nabo | gente | oro |

## 4. ¿CÓMO INICIAR, ENTONCES, AL NIÑO EN LA LECTOESCRITURA?

Este jugo los ejercita en agilidad mental, construcción de texto, apropiación de la ortografía, reconocimiento de nuevos sonidos de algunas letras y uso eficiente de la memoria.

- *Jugar con dominós de palabras* de diferentes campos semánticos, como elementos escolares, comidas, bebidas, utensilios de la cocina, prendas de vestir, colores, etc. y jugar en parejas o en grupos más grandes, siguiendo las mismas reglas del dominó tradicional.

Las fichas las puede elaborar el maestro en la computadora en un tamaño de 6cm X 3cm para que los estudiantes, con la ayuda de los adultos de la casa, las coloreen, recorten y plastifiquen.

| papel | salón | | mesa | salón | | mesa | lápiz |
|---|---|---|---|---|---|---|---|
| lápiz | papel | | papel | lápiz | | lápiz | papel |
| salón | lápiz | | lápiz | lápiz | | lápiz | libro |
| libro | lápiz | | papel | lápiz | | libro | papel |
| libro | libro | | mesa | lápiz | | salón | mesa |
| | | | | | | lápiz | mesa |

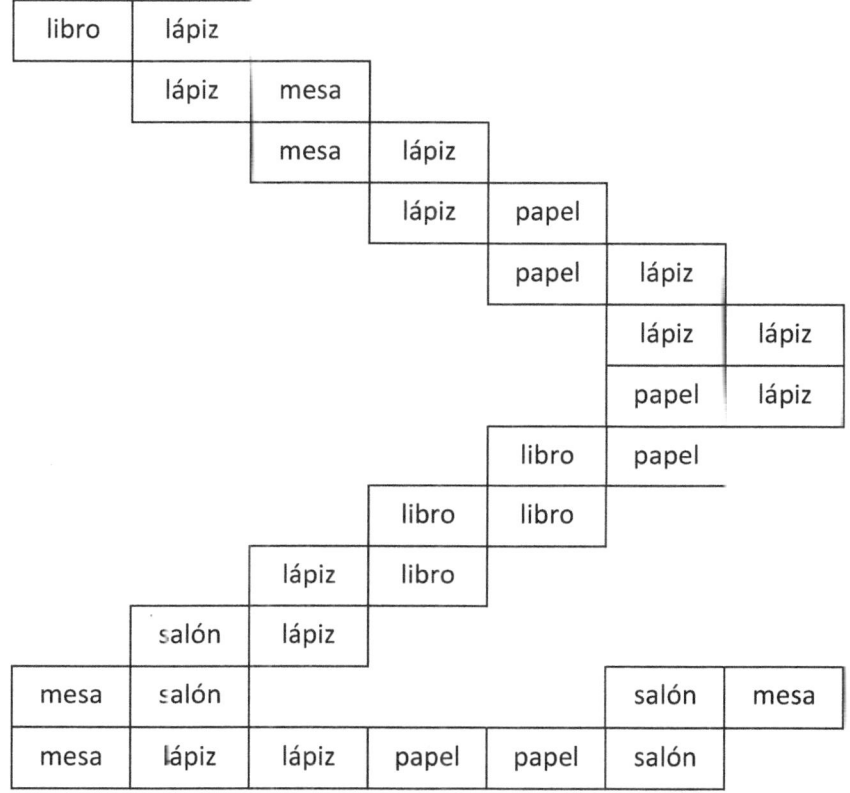

- *Encontrar palabras escondidas.* Con 16 cubos de madera que tengan grabada en cada cara una letra mayúscula, se juega a formar palabras. Se mezclan los cubos y se tiran a la mesa, sin mirar se acomodan para que queden en un cuadro de 4 X 4.

Cada participante toma una "hoja de trabajo" y busca entre las letras, que están hacia arriba, palabras del español de tres o más letras para elaborar, con lápiz, su propia lista; las palabras se pueden formar con letras contiguas en todas las direcciones pero ninguna letra puede usarse más de una vez en la misma palabra y tampoco se aceptan nombres propios.

## 4. ¿CÓMO INICIAR, ENTONCES, AL NIÑO EN LA LECTOESCRITURA?

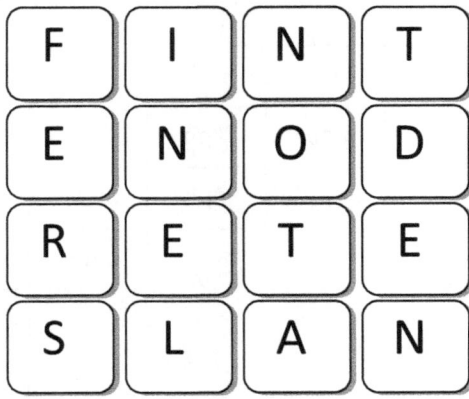

Se establece un tiempo determinado, de tres a cinco minutos, y se controla con la ayuda de un cronómetro. Cuando haya transcurrido el tiempo acordado y suene el timbre, se suspende la escritura y cada jugador lee su lista para eliminar las palabras que otros tengan, igual que las palabras que no cumplen las condiciones establecidas desde el comienzo. Se asignan los valores de las palabras restantes en cada lista de acuerdo a los puntajes previamente establecidos según el tamaño de la palabra, así:

| Cantidad de letras | 3 | 4 | 5 | 6 | 7 | 8 o más |
|---|---|---|---|---|---|---|
| Puntos | 1 | 2 | 3 | 6 | 8 | 15 |

Cada jugador totaliza sus puntos. El ganador es quien obtenga el puntaje más alto.

Este ejercicio les agiliza la mente, la atención, la concentración, la discriminación visual, la memoria entre otras capacidades.

# EL PLACER DE LEER Y ESCRIBIR ¡...adiós planas y dictados!

| JUGADOR 1 | |
|---|---|
| ~~fin~~ | |
| sea | 1 |
| ~~fino~~ | |
| ~~sean~~ | |
| tóner | 3 |
| lento | 3 |
| nota | 2 |
| dotes | 3 |
| retén | 3 |
| reten | 3 |
| lento | 3 |
| lenta | 3 |
| ~~lente~~ | |
| **Total** | **24** |

| JUGADOR 2 | |
|---|---|
| tonta | 3 |
| tan | 1 |
| ~~reta~~ | |
| rete | 2 |
| ~~sean~~ | |
| ~~fin~~ | |
| ~~rea~~ | |
| ~~senote~~ | |
| sereno | 6 |
| ser | 1 |
| sereno | 6 |
| fines | 3 |
| ~~laneto~~ | |
| **Total** | **22** |

| JUGADOR 3 | |
|---|---|
| ~~fino~~ | |
| ~~fin~~ | |
| ~~rea~~ | |
| den | 1 |
| seno | 2 |
| dota | 2 |
| den | 1 |
| ato | 1 |
| ate | 1 |
| dota | 2 |
| ~~lente~~ | |
| don | 1 |
| **Total** | **11** |

| JUGADOR 4 | |
|---|---|
| ~~reta~~ | |
| tontea | 6 |
| tonel | 3 |
| lee | 1 |
| ~~fin~~ | |
| ~~rea~~ | |
| ~~leen~~ | |
| tote | 2 |
| ~~sean~~ | |
| ~~senote~~ | |
| totea | 5 |
| totean | 6 |
| dones | 5 |
| done | 4 |
| **Total** | **32** |

Ganador: *Jugador 4*

## 4. ¿CÓMO INICIAR, ENTONCES, AL NIÑO EN LA LECTOESCRITURA?

- *Hacer listados de palabras* de un determinado contexto del entorno, en un tiempo o tamaño establecido previamente como dependencias de la casa, útiles escolares, alimentos que se han consumido en el día, profesiones, etc. Cada estudiante elabora su propia lista y la lee. Luego se hace una lista común en el tablero, se puede ordenar alfabéticamente y pasar a la computadora para imprimirla y dar una copia a cada niño para realizar ejercicios de lectura colectiva e individual.

Hacer la lectura oral en *"pirámide invertida"*[25], alternando con el maestro, así: los estudiantes leen las dos primeras palabras de la lista, el maestro lee la segunda y la tercera, los estudiantes leen la tercera y la cuarta luego el maestro la cuarta y la quinta y así sucesivamente.

Este ejercicio los entrena en atención, concentración, lectura fluida, mejora la ortografía, el vocabulario, les da seguridad, confianza, vencen la timidez y continúan descubriendo el comportamiento de los sonidos de algunas letras, etc.

En estos ejercicios el maestro debe estar presto a ayudar individualmente a quien lo solicite, en lo posible sólo orientándolos para que encuentren las respuestas.

- *Hacer sopas de letras y crucigramas*

Iniciar con ejercicios muy sencillos e incrementar el grado de dificultad constantemente; así adquieren gran habilidad y siempre están motivados.

---

[25] Ver aquí: ¿Cómo facilitar el cambio de estrategia? (pág. 110)

**EL PLACER DE LEER Y ESCRIBIR** ¡...adiós planas y dictados!

En la siguiente sopa de letras, encontrar los días de la semana y colorearlos.

| M | A | Y | D | V | A | B | A | S |
|---|---|---|---|---|---|---|---|---|
| L | I | O | R | E | R | D | E | F |
| J | U | E | V | E | S | T | V | L |
| U | M | A | R | T | E | S | I | O |
| E | L | B | J | C | M | R | E | D |
| O | M | A | R | Z | O | J | R | A |
| V | I | S | E | N | U | L | N | B |
| M | A | Y | O | E | J | U | E | A |
| D | O | M | I | N | G | O | S | S |

Llenar el crucigrama con los miembros de la familia: papá, mamá, hermanos, abuelo, tío y primos.

## 4. ¿CÓMO INICIAR, ENTONCES, AL NIÑO EN LA LECTOESCRITURA?

Con el tiempo, los mismos estudiantes pueden proponer los ejercicios y cuando el maestro los utilice en fotocopias para trabajarlos en las clases, debe hacer allí el reconocimiento al autor, así se motivan para continuar haciendo sus propias producciones.

Estos ejercicios les agilizan el pensamiento y los movimientos oculares; fortalecen la memoria, la ortografía, el vocabulario, la percepción y la discriminación visual, se motivan a consultar las bases de datos a su alcance y desarrollan creatividad e ingenio.

### ➢ *Transcribir párrafos*

Como tarea en el cuaderno, pegar un pequeño párrafo del periódico, que sea bien comprendido y transcribirlo textualmente, sin omitir ni cambiar letras, palabras, signos ni renglones.

Luego, intercambiar los cuadernos, dos veces, entre los compañeros para hacer la coevaluación de la tarea, haciendo una pequeña línea roja debajo de cada error cometido, se anota el total de errores. Se debe controlar con rigor la ortografía.

Devolver el ejercicio al dueño para revisar si están bien identificados los errores y hacer los reclamos pertinentes. El maestro debe atender los reclamos que hagan los niños y dirimir con justicia e imparcialidad los conflictos que, al inicio de la práctica, se presenten.

Se repite el mismo ejercicio las veces necesarias hasta que no haya un solo error. Esta actividad les ejercita la observación, la ortografía, la agudeza y discriminación visual y se apropian de la honestidad en la cotidianidad, reconociendo sus falencias y desarrollando estrategias para superarlas; así se inician en coevaluación y autoevaluación.

## ➤ *Coleccionar refranes o frases célebres*

Después de un tiempo de haber iniciado clases y cuando ya hayan desarrollado seguridad en sus capacidades y habilidad motriz fina, se hace una selección enumerada de refranes para ser escritos por el maestro con excelente caligrafía, o impresos con el tipo de letra y tamaño adecuados. Se escriben en orden alfabético y en los dos tipos de letra: script y cursiva.

1. *A caballo regalado no se le mira el colmillo.*

2. **A** caballo regalado no se le mira el colmillo.

3. *Barriga llena, corazón contento.*

4. **B**arriga llena, corazón contento.

Esta colección se fotocopia para que los estudiantes tengan el modelo que deben transcribir lo más fielmente posible, cuando en el aula haya espacios para hacerlo, analizando primero el contenido de cada refrán, reflexionando en el mensaje o enseñanza que encierra, y en su forma y estructura, luego. Los niños deben observar muy atentamente mientras el maestro lo escribe en el tablero para que capten los movimientos de la mano, la dirección y el orden de los trazos, y demás detalles, para hacer su propia colección en un cuaderno especial de caligrafía.

Esta actividad los ejercita en comprensión lectora, atención, concentración, captación y observación, entre otras habilidades cognitivas; afinan la agudeza y la discriminación visual; fortalecen la disciplina, la voluntad, el seguimiento de instrucciones; y, principalmente, mejoran la letra y adquieren seguridad para seleccionar la letra adecuada según el tipo y la exigencia ortogáfica.

## ➢ *Leer instrucciones para aprender juegos, dinámicas y pasatiempos*

Aprender nuevos juegos, no con las explicaciones del maestro sino, leídos en libros o fotocopias para que los niños las interpreten, sigan las instrucciones y se apropien de ellos.

Esto les despierta el interés por aprender a leer comprensivamente, seguir instrucciones, fomentar la camaradería y desarrollar liderazgo, entre muchas otras habilidades.

## 5. ¿CÓMO EVIDENCIAR EL AVANCE EN EL PROCESO DE LECTOESCRITURA?

Cada escrito que el niño realice libremente es un recurso muy valioso para el maestro quien, a la luz de las teorías psicopedagógicas que sustentan la propuesta[26], identifica el nivel alcanzado en una escala de 1 a 10[27], de acuerdo con la hipótesis que esté manejando el niño en ese momento específico.

Este ejercicio se realiza con alguna regularidad, en un espacio fuera de la clase; los estudiantes y los padre de familia no necesitan enterarse de esto, pues es sólo un recurso para el maestro evidenciar el avance natural alcanzado por cada estudiante; para enfatizar y/o proponer actividades apropiadas y estimulantes, para llevarlos con más seguridad y rapidez al siguiente nivel de la escala.

El niño no debe llevar a la casa los escritos que realice libremente en la clase para evitar que alguien inexperto haga comentarios, o incluso burlas, que puedan inhibir su proceso natural de aprendizaje.

---

[26] Ver aquí: Investigaciones de Emilia Ferreiro y Ana Teberósky (pág. 30) y Etapas del proceso de adquisición de la lectoescritura (pág. 32)

[27] Ver aquí: Diagrama1. Niveles de adquisición de la lectoescritura (pág. 101)

## 5. ¿CÓMO EVIDENCIAR EL AVANCE EN EL PROCESO DE LECTOESCRITURA?

A continuación se ilustra cada nivel de apropiación de la lectoescritura con el escrito correspondiente para facilitar la ubicación de cada niño según la hipótesis que maneje en ese momento.

**Nivel 1:** *el garabateo*. El niño representa sus ideas con garabatos donde mezcla dibujos con trazos similares a números y letras. En este nivel, al pretender escribir hace trazos de líneas, dibujos, números y letras.

Los niveles 2 a 5 corresponden al estadio de *hipótesis presilábica* cuando, el niño, todavía no percibe correspondencia alguna entre el lenguaje hablado y el escrito; estos cuatro niveles se presentan a continuación.

**Nivel 2:** *diferenciación de letras y números* (Hipótesis presilábica). Cuando pretende escribir en esta etapa, el niño hace trazos similares a letras y números sin ninguna organización.

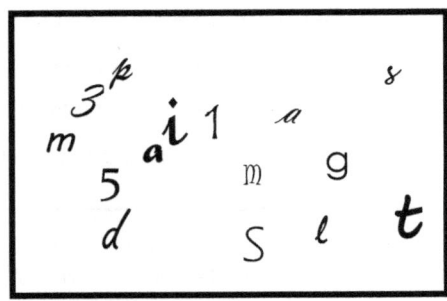

**Nivel 3:** *organización de los grafismos* (Hipótesis presilábica). Los escritos del niño en esta etapa son las mismas letras y números ya organizados en filas.

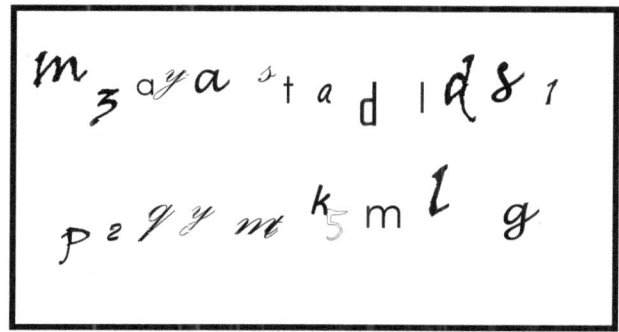

**Nivel 4:** *hipótesis de tamaño* (Hipótesis presilábica). Los objetos pequeños son representados con pocas letras y los objetos grandes con muchas, sin importar cuáles.

En esta etapa, el niño al pretender escribir "*hormiga*" y "*oso*", la cantidad de grafías irá en proporción al tamaño de los animales.

## 5. ¿CÓMO EVIDENCIAR EL AVANCE EN EL PROCESO DE LECTOESCRITURA?

**Nivel 5:** *reordenamiento* de los elementos (Hipótesis presilábica). *Hipótesis de cantidad e hipótesis de variedad,* el niño forma palabras de tres o más letras usando variedad de caracteres, sin importar cuáles.

*Cmo      mAdjy3      t u o     t r E*

*Plurs      dodp      lsuyr25D*

**Nivel 6:** estadio de *hipótesis silábica.* El niño comienza a poner en correspondencia el lenguaje hablado y el escrito.

Al pretender escribir *"camino"* en esta etapa él escribe:

*CmO*

c - m - o

la 'c' le vale 'ca'
la 'm' le vale 'mi'
la 'o' le vale 'no'

**Nivel 7:** estadio de *hipótesis silábico alfabética*. Al pretender escribir "salero", en esta etapa, él puede escribir:

sa - l - o

'sa' vale por 'sa'; cada letra tiene su valor alfabético
La 'l' vale por 'le'; la letra 'l' tiene valor silábico
la 'o' vale por 'ro'; la letra 'o' tiene valor silábico.

**Nivel 8:** estadio de *hipótesis alfabética*. Cuando el niño llega a esta etapa sus construcciones pueden ser así:

ana bende ubas

Esta hipótesis no es el punto final del proceso ya que tendrá que enfrentarse a otras dificutades: ortografía y gramática.

**Nivel 9:** *la ortografía.* En esta etapa es cuando se da cuenta que hay letras que tienen dos sonidos, varias que tienen el mismo sonido, o sonidos muy similares, que hay letras sin sonido, que hay dígrafos, que a veces se escribe con minúscula y a veces con mayúscula; que hay palabras sinónimas, antónimas, homónimas y homófonas; que hay palabras con tilde o con diéresis, y que se tiene buena ortografía cuando se usan correctamente. En este nivel su construcción es así:

> Ana vende uvas.

> *Ana vende uvas.*

**Nivel 10:** *la gramática.* El niño se va apropiando de ella con el uso diario del lenguaje escrito, ordenando y organizando palabras para transmitir ideas.

Una vez analizado el escrito que el niño realice libremente, el maestro determina la hipótesis que está manejando en ese momento y ubica, en el siguiente diagrama, el nivel por el cual transita, si gusta puede llevar un registro escrito pero no es necesario que lo haga. Este ejercicio le sirve al maestro para saber cómo avanza cada niño, qué actividades llevar al aula para optimizar el proceso y qué tan acertadas son las teorías formuladas por las investigadoras Ferreiro y Teberósky.

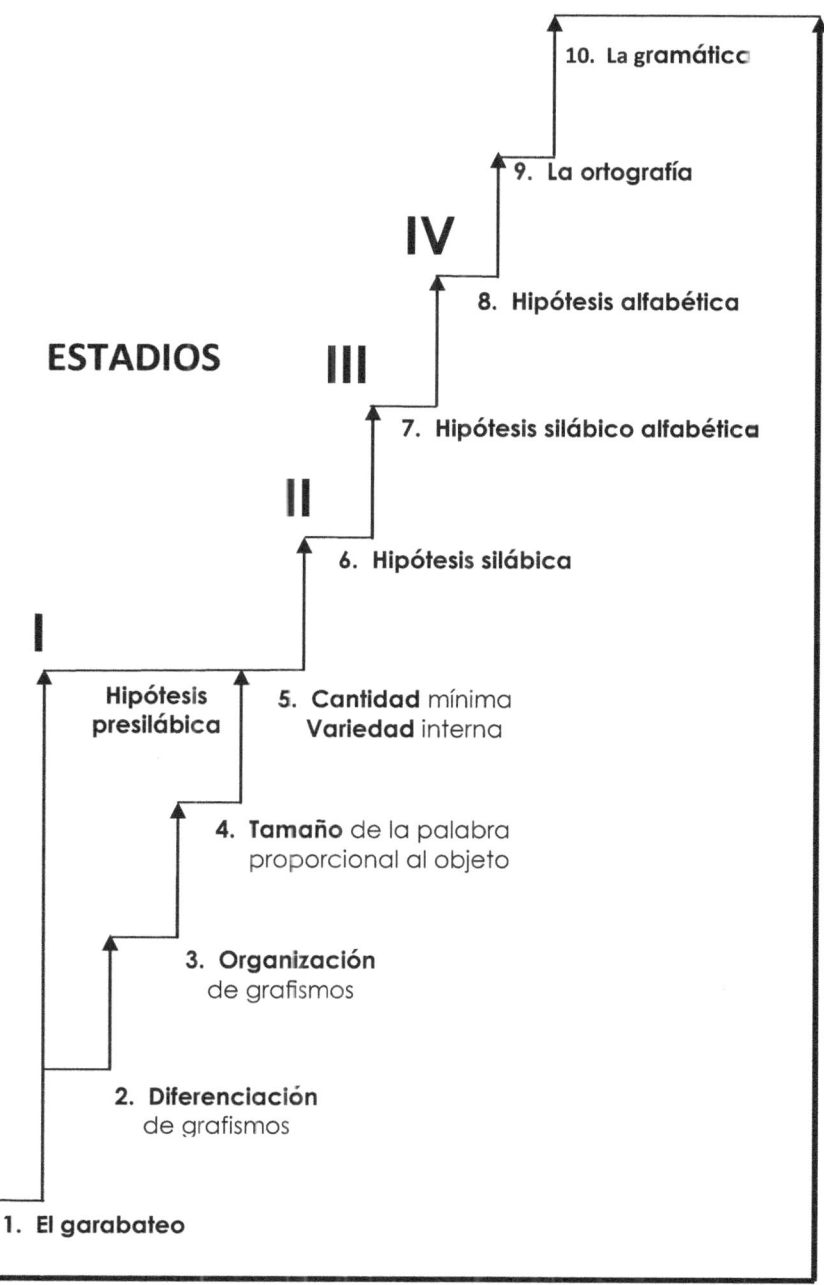

*Diagrama 1. Niveles del proceso de adquisición de la lectoescritura.* **La Autora.**

## 6. ¿QUÉ RESULTADOS SE OBTIENEN CON LA APLICACIÓN DE ESTA ESTRATEGIA METODOLÓGICA?

Cuando tuve la oportunidad de aplicar esta estrategia para iniciar niños en la lectoescritura, grados 1° y 2° de educación básica, comprobé su éxito, porque:

❖ Esta experiencia se realizó en una institución oficial, en una comunidad marginal donde muchos padres de familia tenían bajo nivel académico y socioeconómico, familias disfuncionales y otras adversidades; nada de esto impidió alcanzar los estándares oficiales de Lenguaje, desarrollando las competencias requeridas en aquellos niveles; las actividades escolares no necesitaron materiales especiales, costosos o de difícil consecución. Los propios padres de familia, con muy poca inversión, ayudaron a elaborar los materiales para los juegos.

❖ Se llevaron a la práctica los ideales consignados en el enfoque pedagógico del PEI. Se partió del todo para ir a las partes, de lo fácil y sencillo a lo difícil, de lo concreto a lo abstracto, de lo simple a lo compuesto, de la práctica a la teoría, de la lectura a la

## 6. ¿QUÉ RESULTADOS SE OBTIENEN CON LA APLICACIÓN DE ESTA ESTRATEGIA METODOLÓGICA?

escritura, siguiendo las orientaciones del PEI y las teorías de los pedagogos que fundamentan la propuesta.

❖ Esta estrategia actuó como catalizador para el aprendizaje y permitió que cada quien desarrollara su proceso de adquisición de la lectoescritura a su propio ritmo, deseando descubrir el funcionamiento de la lengua escrita, por real necesidad.

❖ Los niños aprendieron haciendo. La estrategia hizo que todos los estudiantes estuvieran dinámicos y participativos en las clases aprendiendo a través de actividades lúdicas de alta exigencia y mejoramiento continuo. Fueron escalando gradualmente los niveles de dificultad en los juegos y actividades, lo que los llevó a descubrir el funcionamiento de la lengua escrita hasta superar el nivel alfabético y avanzar en el ortográfico y el gramatical.

❖ Sin hacer planas, todos los niños realizaron transcripciones precisas con buena letra script y cursiva.

❖ El 95% de los niños produjo textos escritos significativos, con buena ortografía, gramática y excelente caligrafía, tanto script como cursiva, según la necesidad o el requerimiento.

❖ Sin importar el nivel socioeconómico del grupo, éste alcanzó el éxito escolar; de 39 estudiantes sólo dos, con problemas evidentes en el lenguaje oral, no alcanzaron el nivel alfabético; sin embargo, desarrollaron habilidades para la atención, la escucha, la memoria, el seguimiento de instrucciones, la transcripción de texto y la escritura correcta del nombre, entre otros logros; por eso fueron promovidos al grado 3°.

❖ El 87% de los niños aprendió a leer con total fluidez, modulando la voz y comprendiendo e texto e incursionando por las seis lecturas[28], en asuntos de su nivel e interés.

❖ El 100% de los estudiantes mostró agrado y comprensión de textos, tales como cuentos, poemas, fábulas, relatos mitológicos, leyendas, instrucciones de juegos y construcciones sencillas.

❖ El 100% de los niños se apropió de la escritura correcta de su nombre, en letra script y cursiva.

❖ Los niños produjeron, todo el tiempo, textos orales con riqueza verbal y espontaneidad, expusieron sus puntos de vista ante el grupo, defendieron sus ideas con claridad, y analizaron los pros y los contras de hechos o acontecimientos cotidianos.

❖ Cada estudiante fue capaz de coevaluar a sus compañeros y de autoevaluarse, corregir errores, socializar experiencias, y aprender en la práctica cotidiana el respeto, la autonomía, la honestidad, la responsabilidad, la autogestión, la autosuperación y la colaboración, entre otros valores.

❖ Los cuadernos fueron tratados con especial aprecio y estética, elaborados con resúmenes y esquemas propios y de utilidad personal para facilitar los aprendizajes en las demás áreas fundamentales.

❖ Todos memorizaron poemas, canciones, refranes y trabalenguas en actividades realizadas con prioridad en el salón de clases.

❖ Se generalizó el uso del diccionario para aclarar dudas sobre la ortografía y el significado de las

---

[28] Ver aquí: Teoría de las seis lecturas (pág. 38)

## 6. ¿QUÉ RESULTADOS SE OBTIENEN CON LA APLICACIÓN DE ESTA ESTRATEGIA METODOLÓGICA?

palabras que utilizaban; los estudiantes buscaron información en las bases de datos a su alcance e incursionaron con facilidad e interés en el uso de la computadora.

❖ El grupo demostró un desarrollo importante en su capacidad de escucha, atención, concentración, memoria, captación, observación e imaginación.

❖ En general mostraron agrado por la actividad académica; se les veía la alegría participando en las actividades propuestas, decían que la jornada de estudio pasaba muy rápido, y manifestaban pesar cuando ésta se terminaba, cuando no tenían clases por alguna circunstancia, o cuando no alcanzaba el tiempo para realizar otra actividad.

❖ Se percibió mejora en su autoestima y la motivación por un proyecto de vida exitoso y a su alcance, al posibilitar la excelencia en su cotidianidad, leyendo y escribiendo cada día más y mejor.

❖ Muchos estudiantes querían representar al grupo en los diferentes eventos escolares, organizados durante el año lectivo.

❖ Los niños aprovechaban toda oportunidad para consultar las enciclopedias infantiles, puestas a su disposición, y se deleitaban compartiendo con sus compañeros lo aprendido en los ratos de lectura.

❖ No hubo espacio en el aula para la indisciplina ni las burlas y el error fue visto como una oportunidad de aprendizaje.

❖ Los estudiantes reiniciantes que fueron problemáticos el año anterior, tuvieron un desempeño exitoso desde el comienzo y no demostraron las conductas negativas de entonces.

❖ Un estudiante proveniente de un hogar disfuncional, quien rara vez aceptó las actividades propuestas en el aula, las tareas y los acuerdos convenidos, aprendió a leer comprensivamente y con fluidez, y a construir textos con buena gramática, ortografía y caligrafía; prácticamente con el hecho de ver a los demás realizando las actividades diarias.

❖ Los padres de familia se mostraron satisfechos con el desarrollo de sus hijos, su buena letra, su habilidad para aprender y por leer mejor que sus hermanos mayores. También, se mostraron más dispuestos a colaborar generosamente con sus eventos académicos y comunitarios.

❖ A pesar de tratarse de niños con problemas socioculturales fuertes, disfrutaron notablemente cuando incorporaron la lectura y la escritura a su vida cotidiana y tuvieron un desempeño exitoso en los demás saberes propios de estos niveles; seguramente por haber desarrollado sus competencias lingüísticas y comunicativas, entre otras.

❖ Mi labor como maestra fue bastante relajada. Me limité a aprovechar el interés de los niños por los escritos, sólo estuve interactuando con ellos todo el tiempo, disfrutando de juegos, competencias, lecturas y demás actividades; mejorando incluso mis propias habilidades cognitivas. Ya no tuve que colocar muestras ni realizar interminables, agobiantes e inútiles jornadas de revisiones, reproches y correcciones. La experiencia metodológica me dejó una grata satisfacción por el deber cumplido y mi salud mental y física resguardada.

## 7. ¿CÓMO ACERCAR LA LECTURA Y LA ESCRITURA AL NIÑO?

### Píldoras para maestros

Los años de experiencia en la docencia me han permitido reflexionar para formular y compartir estas píldoras, con ellas se hará más fácil y efectiva la labor de los colegas que las quieran poner a prueba.

### ¿Qué actitud necesita el maestro?

* El maestro es un modelo para sus estudiantes, por eso es tan grande la responsabilidad de quien ejerce esta profesión, pues muchos de los aprendizajes de los niños, son por imitación de sus actitudes y comportamientos. Así que, "si los maestros no leen son incapaces de transmitir el placer de la lectura"[29].

* El maestro debe prestar especial atención a la seguridad y confianza que transmita a sus estudiantes, tanto con sus indicaciones, orientaciones, aclaraciones y consejos nacidos de la experiencia, como con los conocimientos pedagógicos, metodológicos y enciclopédicos, ya que influirán decisivamente en las

---

[29] FERREIRO, Emilia. http://www.otraescuelaesposible.es/entre_emilia_f.htm

## 7. ¿CÓMO ACERCAR LA LECTURA Y LA ESCRITURA AL NIÑO?

actitudes de ellos ante las diversas circunstancias, que en adelante afronten.

* El maestro debe conocer a fondo y con claridad las técnicas de pre-lectura, lectura y pos-lectura; lectura silenciosa o mental, lectura oral, velocidad lectora, vocalización, movimientos oculares, cuidado de los ojos, lectura comprensiva, lectura eficiente, visualización creativa y demás técnicas relacionadas, para que las transmita a sus estudiantes durante las actividades cotidianas. Así, optimiza las prácticas lectoras y evita la transmisión de hábitos negativos y manías.

* No delegue en el padre de familia la responsabilidad que le fue encomendada, recuerde que usted es el profesional en pedagogía.

* Es necesario como maestro estar abierto a aprender permanentemente, a modificar actitudes y comportamientos no deseables, y a mejorar las propias habilidades cognitivas, comunicativas, lingüísticas y motrices. Sólo así se puede estar en capacidad de ejercitar a los estudiantes en las competencias que el mundo de hoy exige, pues es muy cierto que *"nadie puede dar lo que no tiene"* como también es muy cierto que *"nunca es tarde para aprender"*. Con esto se evita la persistencia indolente de *manías y* hábitos negativos, generación tras generación.

### ¿Cómo facilitar el cambio de estrategia?

* Convierta al padre de familia en su mejor aliado para cambiar las tradicionales prácticas escolares, utilizadas para la iniciación en la

lectoescritura, y evite tropiezos con ellos explicándoles la estrategia claramente en términos sencillos. Coménteles de las investigaciones de Emilia Ferreiro y Ana Teberósky y, con la ayuda del diagrama[30], enséñeles los niveles naturales del proceso de construcción de la lectoescritura en los niños. Con esto, ellos entenderán mejor la importancia y necesidad del cambio.

* Pida a los padres que apoyen y se expresen bien del maestro delante de los hijos, así podrá influir fácil y positivamente en su formación integral. Los inconvenientes que surjan deben ser resueltos directamente entre padre y maestro sin involucrar al niño, para evitar que se confunda y le pierda la confianza.

* Ejerza autoridad en sus estudiantes y evite a toda costa el autoritarismo o la sobreprotección; cúmplales lo prometido y actúe con rectitud.

* Exija mejora continua y calidad en todo lo que sus estudiantes realicen y no permita el estancamiento, pues somos seres perfectibles; de igual modo, reconozca sus avances y aciertos constantemente.

* Las prácticas de construcción de texto deben ser permanentes, de mejoramiento continuo y creciente profundización hasta lograr convertir a los estudiantes en alfabetizados auténticos.

* Enséñeles con el ejemplo. Haga buen uso del tablero, escriba con excelente caligrafía y ortografía, y exprese el placer que siente leyendo y escribiendo.

---

[30] Ver aquí: Diagrama 1. Niveles del proceso de adquisición de la lectoescritura (pág. 101)

## 7. ¿CÓMO ACERCAR LA LECTURA Y LA ESCRITURA AL NIÑO?

Hágalo de la mejor manera posible; pronto sus estudiantes aprenderán esto por imitación.

\* Realice prácticas suficientes de lectura fluida y comprensiva, así los estudiantes se habilitan para leer con seguridad, solvencia, habilidad y comprensión, convirtiéndose en lectores plenos porque niño que no lee desde el principio, posiblemente no va a leer nunca.

\* Haga que todos participen de manera efectiva en las actividades del aula, implementando las *"hojas de trabajo"*. Éstas son hojas sueltas y limpias, de cuadernos usados, que los estudiantes deben tener a la mano para realizar diversos ejercicios individuales durante el desarrollo de las clases. Al terminar cada ejercicio las intercambian dos veces y después de resolverlo colectivamente se coevalúa, luego se devuelven las hojas a los dueños para las correcciones y los reclamos pertinentes. Constate los aciertos y estimule la participación. También, invite a los demás para que se sigan esforzando hasta lograrlo. Cada estudiante archiva estas hojas como registro o evidencia de su trabajo diario.

\* Cuando los niños escriban libremente utilice las *"hojas para construcción de texto"*, éstas son hojas de papel sin líneas que sólo llevan el código del estudiante para que el manejo del espacio se haga con total autonomía; estos textos sólo son vistos por el maestro para saber qué hipótesis está manejando cada uno en un determinado momento y evidenciar su avance en el proceso lectoescritor.

\* Ubique a sus estudiantes de manera que todos tengan contacto visual directo con usted, mientras lee o habla con el grupo.

* Desarrolle las habilidades cognitivas básicas de sus estudiantes llevando al salón de clases actividades apropiadas para tal propósito; proponga con frecuencia juegos que estimulen la atención, la escucha, la concentración y el seguimiento de instrucciones.

* Analice y tenga presente qué habilidad, aspecto, competencia o dimensión va a desarrollar en los estudiantes con la realización de la actividad que usted propone; no se limite a cuidarlos durante sus clases ni abuse de la actividad de colorear porque tendrá los mismos efectos negativos de las planas. Y evite actividades cuya intención sea mantenerlos ocupados para que no lo interrumpan mientras usted descansa o se dedica a otra actividad. Esto les provoca apatía a la escuela y la pérdida de una valiosa oportunidad de desarrollo, en la etapa escolar más moldeable para formar bases sólidas de desempeños exitosos a lo largo de la vida.

* Póngase en los zapatos de sus estudiantes y reflexione si usted haría con agrado y solvencia cada actividad que proponga; si honestamente no es así, tampoco se la imponga a ellos. Éste es un buen referente para planear actividades exitosas y para corregir algunas dificultades personales que no se han superado, hasta ahora.

* Realice algunas *"prácticas en pirámide invertida"*. Pida a todo el grupo que realice cierta actividad, como una lectura, un poema, una canción, un trabalenguas o un monólogo. Divida el grupo en dos y realice la actividad con cada grupo. Ahora divida el grupo en cuatro y haga lo mismo con cada uno. Y así

## 7. ¿CÓMO ACERCAR LA LECTURA Y LA ESCRITURA AL NIÑO?

sucesivamente en grupos cada vez más pequeños hasta hacerlo individualmente. Esta práctica los hace participar a todos, los ejercita, les da seguridad y confianza en sí mismos, y les ayuda a vencer la timidez.

* Piense en voz alta, frente a sus estudiantes, cuando esté buscando la respuesta correcta a un ejercicio; analice con calma, al mismo nivel de ellos, las diferentes opciones, explicando por qué son descartadas o seleccionadas, enfatice con ejemplos y demostraciones visuales; esto le servirá de modelo cuando se le presenten situaciones similares.

* Dé a sus estudiantes la oportunidad de elegir entre dos o más alternativas; al ser tenidos en cuenta para tomar una decisión, quedan comprometidos en su realización. Esto se puede hacer incluso con alternativas ilusorias o aparentes, por ejemplo, ¿Jugamos con fichas de letras, de sílabas o de palabras?

* Delegue funciones rotativas a sus estudiantes, ellos se sentirán útiles y adquirirán responsabilidad.

* Establezca unas rutinas diarias sencillas y agradables tales como autocontroles, oraciones, saludos, canciones y poemas; esto les permite apropiarse de saberes básicos y adaptarse a la actividad académica.

* Tenga actividades agradables y especiales a los estudiantes que van terminando un ejercicio; así se mantienen estimulados y se evita el aburrimiento y la indisciplina, mientras los demás terminan.

* No permita que se retiren los que no han terminado la actividad. Los adelantados pueden servir de monitores para que los apoyen; así se destierra la pereza muy pronto del salón de clases.

## ¿Cómo desarrollar atención y escucha?

* Hable en tono medio o bajo, absténgase de gritar, así propicia un ambiente agradable y hace que los niños presten más atención; además, evita enfermedades a su aparato fonador.

* Empiece a hablar sólo cuando todo el grupo esté atendiendo y escuchando. Puede hacer diferentes dinámicas como el trencito, mover sonajeros o mover los brazos de la manera señalada y aprovechar el silencio para empezar a hablar.

* Enséñeles a pedir la palabra cuando quieran intervenir y téngalos en cuenta.

* Durante la lectura haga un par de pausas para que ellos complementen la idea.

* Con la ayuda de los estudiantes reconstruya lo leído, lo explicado o lo que otro acaba de decir; pronto lo podrán hacer solos y eso los mantendrá atentos todo el tiempo.

* Dé las instrucciones una sola vez y estimule a los que las siguen correctamente; póngalos de modelo cuando respondan a las expectativas.

* Atienda a los estudiantes cuando estén hablando o leyendo y discúlpese si se distrae o los interrumpe por alguna circunstancia.

## ¿Cómo ejercitar memoria y capacidad de observación?

* Realice diariamente ejercicios para escoger entre varios objetos, dibujos o letras, al diferente de los

## 7. ¿CÓMO ACERCAR LA LECTURA Y LA ESCRITURA AL NIÑO?

demás y con el tiempo pida que ellos mismos lo propongan.

* Cuando transcriban textos, haga que comparen lo que acaban de hacer con el modelo que están copiando, y exíjales mejoramiento continuo para alcanzar la excelencia.

* Haga seleccionar, por todos los compañeros, el trabajo mejor elaborado en el salón de clases e invítelos a que continúen esforzándose para hacer todo cada día mejor.

* Cuando tenga textos en el tablero, haga que cuenten las palabras, las vocales y las consonantes, o que cuenten las veces que se repite una letra en una oración gramatical o en una determinada palabra. También puede pedirles que cuenten las letras en mayúscula o las letras que ocupan dos espacios hacia arriba o hacia abajo, etc.

* Después de leer en el tablero una serie de palabras, por ejemplo, borre y pida que escriban lo que acabó de borrar; estimúlelos por los aciertos.

* Permita que los niños manipulen diferentes escritos para hacer ejercicios de observación. Por ejemplo, déles una hoja de periódico para que la observen detalladamente y la describan sin mirarla, y después, con la hoja a la vista, pídales que comprueben cuántos detalles se pasaron por alto.

### ¿Cómo ampliar el campo visual y la velocidad lectora?

* Realice variados ejercicios de pre-lectura y pre-escritura más adelante construya con sus

estudiantes pirámides de palabras, que cumplan determinada condición, empezando por la más pequeña y aumentando una letra en cada nivel para leerlas con fluidez, vocalizando con claridad, sin deletrear, ni silabear y cronometrando individualmente el tiempo, para establecer un récord y superarlo luego. Se debe conocer con claridad el significado de las palabras utilizadas.

* Realice competencias de velocidad lectora de diferentes listados de palabras o frases y de párrafos, cuentos o artículos: igualmente utilice cronómetro para medir los tiempos y rételos para hacerlo cada vez en menos tiempo, y demostrando su comprensión.

* Aplique pruebas de agudeza visual y auditiva a sus estudiantes y sugiera a los padres que les faciliten atención médica a los que tengan deficiencias, para que les sean tratadas y mejoren sus desempeños.

## ¿Cómo iniciarlos en el razonamiento lógico?

* Relacione lo leído con la vida cotidiana.

* Pregunte a los niños, por qué creen que tal personaje actuó de determinada manera y qué hubieran hecho ellos si les ocurriera lo mismo, en la vida real.

* Enséñeles a ver los pros y los contras de cada situación.

* Lleve con frecuencia al aula acertijos para ponerlos a pensar en la solución correcta.

* Pídales las razones por las cuales escogieron al diferente de un grupo de palabras, letras u objetos, y permita que ellos mismos propongan el ejercicio.

\* A medida que avancen en su proceso de lectoescritura iníncielos en pruebas tipo evaluación externa. Coevalúelas inmediatamente analizando con detenimiento por qué fue descartada cada opción y por qué es acertada la clave. Estimule a los ganadores y dé nuevas oportunidades para que se incremente el número de ellos.

## ¿Cómo estimular la imaginación y la creatividad?

\* Permita a los niños que basados en el título del cuento, que van a leer, especulen un poco a cerca de su contenido.

\* Pida que cambien el final del cuento o la actuación de determinado personaje.

\* Dé un dibujo o una palabra para que inventen una historia corta.

\* Dé el principio de un escrito para que los niños lo continúen y terminen.

\* Haga concursos para seleccionar el título de un escrito.

\* Realice improvisaciones o juego de roles para que cada quien invente los parlamentos.

\* Juegue a inventar historietas raras e inverosímiles.

## Píldoras para padres, abuelos o tutores

El amor por la lectura y la escritura es una de las cosas más importantes que los padres deben enseñar a sus niños; por eso, conviene compartir experiencias que les permitan descubrir juntos los goces y beneficios que la lectura y la escritura traen a la vida.

## ¿Cómo hacer para que los niños desarrollen el amor a la lectura?

* Muestre a su niño cuánto disfruta usted leyendo; él imitará su actitud.

* Pida a los miembros de la familia y amigos que regalen libros a su niño en sus cumpleaños y en otras ocasiones especiales.

* Disponga un lugar adecuado donde su niño pueda mantener su propia biblioteca y leer con tranquilidad; preferiblemente lejos de la televisión y otros distractores.

* Trate la lectura como entretenimiento y diversión; el niño no debe ser obligado a leer. Cautívelo.

* Pida a otra persona de la familia que lea a su niño, en caso que usted no tenga tiempo o no lea fluidamente. Permita que su niño vea lo que se está leyendo para que descubra los mecanismos de la comunicación escrita y se apropie de la ortografía.

* Léale cuentos, noticias, tarjetas, etiquetas de productos, etc. Siéntense juntos para leer o siente a su niño en sus piernas para que estos momentos sean identificados como espacios de ternura y amor entre ustedes.

* Permita que su niño dirija la actividad, que voltee las páginas, que interrumpa para hacer preguntas y que pida que se le lea de nuevo. El niño hace preguntas porque se interesa por saber; mientras más preguntas haga más aprenderá, y si se acostumbra

a hacer esto desde pequeño aprenderá más, y le irá mejor en las actividades académicas.

* Responda a todas las inquietudes de su niño y si no puede, sea honesto y trate de encontrar las respuestas con él o búsquelas más tarde.

* Hágale preguntas acerca del contenido de la lectura o del libro, pregúntele cómo se llaman sus diferentes elementos, así como los maestros hacen en el colegio.

* Relacione aspectos de lo que está leyendo con la vida diaria del niño para que establezca conexiones entre lo que lee y su propia vida; así se despierta verdaderamente el amor a la lectura.

* Busque la oportunidad para visitar regularmente la biblioteca con su niño.

* No salga de su casa sin algo para leer; lleve una revista, un folleto o un libro para que, cuando tenga que esperar, aproveche el tiempo leyendo; esto creará un modelo para el niño.

* Motívelo para que vuelva a leer sus cuentos y poemas favoritos. El volver a leer las cosas ayuda a entender más, leer mejor y más rápido.

* Sea paciente cuando su niño esté tratando de leer una palabra, déle tiempo para que lo haga él mismo. Recuérdele mirar con atención no sólo la primera o primeras letras de la palabra, muchos lectores principiantes tratan de adivinarla basados en la primera o primeras letras.

* Seleccione libros del nivel correcto para que su niño tenga muchas experiencias exitosas con la lectura.

* Realice con él juegos de palabras; haga que repita diferentes sonidos de palabras similares como bote y lote, ratón y botón, poco y loco, entre otras.

* Léale a su niño a la hora de dormir, éste es un momento especial, y permita que le ayude tomando turnos para leer en voz alta, cuando ya pueda hacerlo.

* Cuando su niño cometa un error leyendo, corríjalo gentilmente señalándole las letras que omitió o que leyó incorrectamente.

* Hable con su niño todos los días sobre el colegio o sobre la casa. Use algunas palabras interesantes durante la conversación y recuérdele las que ya utilizó en el pasado para que las aprenda mejor.

* Interésese por conocer los poemas, las canciones y los juegos que el niño aprende en el colegio y comparta así el tiempo libre; esto agiliza su proceso de adquisición de la lectoescritura.

* Comparta con su niño los correos electrónicos que despierten su sensibilidad o le ayuden en algún aspecto de su formación integral.

* Controle el contenido y el tiempo que su niño pasa con la televisión y los videojuegos.

## ¿Cómo hacer para que los niños disfruten de la escritura?

* Provea a su niño materiales de escritura como crayolas, lápices, marcadores, borradores y papel. Guarde estos materiales siempre juntos y a la mano.

* Si es posible, rotule los espacios y elementos de la casa o de su alcoba para familiarizarlo con el lenguaje escrito.

## 7. ¿CÓMO ACERCAR LA LECTURA Y LA ESCRITURA AL NIÑO?

* Escriba pequeñas notas a su niño para que luego las lean juntos. Si puede, disponga de un pequeño tablero para dejar mensajes a los miembros de la familia. Él querrá participar leyendo y escribiendo.

* Responda amablemente a todos los interrogantes que el niño tenga acerca de la escritura, déle respuestas ciertas, sin evasivas o imprecisiones para salir del paso. Ni le diga que cuando esté más grande lo va a aprender; si algo le inquieta es porque está en condiciones de entender la respuesta.

* Con ayuda de su niño, haga las listas del mercado, de los ingredientes que necesita para preparar una comida, de las tareas que están pendientes por realizar en el hogar, por ejemplo, y registre en la lista lo que vaya comprando, alistando o ejecutando.

* Anote los mensajes que dejan por teléfono; su niño le imitará.

* Pida al niño que le ayude a escribir una nota para un miembro de la familia o a hacer un diario con las cosas especiales que suceden en la casa.

* Hágale solicitudes y/o compromisos por escrito y anímelo para que haga lo mismo.

* Sedúzcalo para realizar estas actividades; no lo obligue ni se las imponga como castigo.

## 8. CONCLUSIONES

✓ Por la evolución social, la educación ya no se concibe como un procedimiento de instrucción centrado en la memorización de datos y el establecimiento de patrones de comportamiento, sino como un proceso de formación permanente resultado de la interacción con el medio y verificable a través de los desempeños que evidencian las capacidades que se logran potenciar en el ser en desarrollo. De ahí la urgencia de cambiar las tradicionales prácticas de iniciación a la lectoescritura, que no exigen esfuerzo cognitivo alguno al estudiante, por otras que lo habiliten para una eficiente comunicación escrita, que lo acerque al éxito escolar y personal.

✓ Con el entrenamiento mecánico y sistemático el niño pierde el entusiasmo por la actividad académica. Las deserciones, las repitencias, los bajos desempeños en las pruebas externas y en los niveles de educación básica, media y superior son referentes para entender la inconveniencia de dichas prácticas, un tanto generalizadas en el entorno escolar oficial, principalmente.

✓ En el aprendizaje de la lengua escrita es fundamental que el maestro comprenda y tenga en cuenta los mecanismos del pensamiento del niño, y le haga un positivo acompañamiento para que pueda evidenciar desempeños exitosos en el sistema escolar y en la vida misma.

✓ El niño puede aprender a leer y a escribir de manera natural, estimulando en las prácticas pedagógicas sus esfuerzos cognitivos por conceptualizar acerca de las características, el valor y la función de la lectura y la escritura hasta comprender su funcionamiento real[31]. Por eso es que docentes y padres deben atender de inmediato y con claridad todas las inquietudes que el niño tenga y evitar descalificar sus "omisiones y errores". Aunque en esta propuesta se incluyen ciertas actividades diarias con el propósito de dinamizar aquel proceso, es importante enriquecerlas y renovarlas continuamente para mantener el interés. Internet es una herramienta muy útil que ofrece infinidad de opciones.

✓ En la experiencia metodológica aquí compartida, queda demostrado que haciendo grato, necesario y natural el encuentro inicial del niño con la lectoescritura se crea un vínculo afectivo especial que le permite experimentar un verdadero placer al leer y escribir, mejorando notablemente sus oportunidades para lograr un proyecto de vida exitoso.

✓ Cada niño, sin importar su nivel socioeconómico, disfruta aprendiendo bien y a su propio ritmo, aprovechando sus saberes y su profusa capacidad para el aprendizaje; cimentando bases sólidas para continuar mejorando la lectura, la escritura,

---

[31] Ver aquí: Diagrama 1. Niveles del proceso de adquisición de la lectoescritura (pág. 101)

la expresión oral y las relaciones con el conocimiento y el entorno, para no ser un analfabeto funcional más como muchos, incluso investidos con títulos académicos.

✓ Como esta estrategia facilita el aprendizaje natural y grato, no requiere materiales especiales <u>ni esfuerzos extraordinarios del maestro</u>, se puede implementar fácilmente en cualquier institución de educación preescolar, básica o media y superar las falencias con que, a veces, se llega a los niveles superiores de la educación formal.

✓ El nivel preescolar es la oportunidad para que todos los niños entren en contacto con la lengua escrita y despierten el interés por comprender los mecanismos que la rigen. Allí, deben tener oportunidad de escuchar leer, ver escribir, producir marcas intencionales en el papel y el tablero; participar en actividades donde leer y escribir tienen sentido, manipular productos de esta comunicación y plantear preguntas y obtener respuestas a sus inquietudes sobre la lectoescritura. Se deben realizar actividades que potencien su desarrollo en todas las dimensiones: socio-afectiva, corporal, cognitiva, comunicativa, estética, espiritual y ética ligadas, en lo posible, a la lectura y la escritura.

✓ Si en los niveles iniciales de la educación básica, las prácticas no tienen la ejercitación, el rigor y la exigencia propios, el niño adquirirá hábitos negativos, fobias y prácticas viciadas difíciles de erradicar durante la educación formal y tal vez perduren toda su vida: incapacidad para leer con solvencia, agrado y comprensión, producir textos de calidad, hablar en público sin temor y desarrollar su autonomía entre

## 8. CONCLUSIONES

muchas otras. No es pertinente que esto siga ocurriendo, debe ser ejercitado como verdadero alfabetizado y lector pleno, así tendrá la capacidad de reír, llorar, cuestionar y sorprenderse al contacto con la comunicación escrita; esta sensibilidad le permitirá adquirir consciencia para comprender y transformar su mundo.

✓ En este libro se han analizado algunas razones para hacer cambios en las prácticas de iniciación a lectoescritura, tal vez la primordial sea que: "Hay niños que ingresan a la lengua escrita a través de la magia (una magia cognitivamente desafiante) y niños que entran a la lengua escrita a través de un entrenamiento consistente en 'habilidades básicas'. En general, los primeros se convierten en lectores; los otros, en iletrados o en analfabetos funcionales. <u>¿Quiénes van a tener la voluntad, el valor y el empeño para romper el círculo vicioso?</u>"[32]. (Subrayado de la Autora).

✓ Es evidente que esta profesión es de extrema responsabilidad, el éxito o el fracaso de unas vidas será altamente influenciado por la mediación del maestro. "Hermanos míos, no os hagáis maestros muchos de vosotros, sabiendo que recibiréis un juicio mayor"[33].

---

[32] FERREIRO, Emilia. Leer y escribir en un mundo cambiante. Méjico. 2000
[33] EPÍSTOLA DE SANTIAGO, Capítulo III, Versículo 1.

# FUENTES BIBLIOGRÁFICAS

FERREIRO, Emilia. Alfabetización: teoría y práctica. Siglo XXI Editores S. A. Argentina, 1998.

_____. Leer y escribir en un mundo cambiante. Conferencia expuesta en las Sesiones Plenarias del 26 Congreso de la Unión Internacional de Editores, CINVESTAV México, 2000

FERREIRO Emilia y GÓMEZ PALACIO Margarita. Nuevas perspectivas sobre los procesos de lectura y escritura. Siglo Veintiuno Editores. 4ª edición. México, España, Argentina, Colombia, 1990.

FERREIRO, Emilia y TEBERÓSKY Ana. Los sistemas de escritura en el desarrollo del niño. Siglo XXI editores S. A. Méjico, 1999.

JARAMILLO PÉREZ, Jorge. Familia y Colegio. Una integración clave para el desarrollo educativo de los niños. Norma S. A. Bogotá, 2002.

http://craaltaribagorza.net/spip.php?article895

http://html.rincondelvago.com/teoria-psicogenetica-de-piaget.html

http://pdf.rincondelvago.com/teoria-psicogenetica-de-piaget.html

http://perso.wanadoo.es/cgomezmayorga/cuatroanos/escritura.htm

http://perso.wanadoo.es/cgomezmayorga/cuatroanos/escritura.htm

http://recursostic.educacion.es

http://www.cerlalc.org/Escuela/enlaces/leer_escribir_mundo_cambiante_ferreiro.pdf

http://www.educacioninicial.com/EI/contenidos/00/1200/1225.ASP

http://www.otraescuelaesposible.es/entre_emilia_f.htm

http://www.slideshare.net/marrisan/psicognesis-de-la-escritura-evolucin-de-la-escritura-caracterizacin-del-proceso

LIZCANO GARCÍA, Pedro Jesús. Foro: Aprendiendo con el bicentenario. Tunja, 2010.

MINISTERIO DE EDUCACIÓN NACIONAL. Estándares Básicos de Competencias en Lenguaje. *Colombia, 2005*

_____. Ley General de Educación 115 de 1994

PROYECTO EDUCATIVO INSTITUCIONAL, PEI, EDUARDO SANTOS. Neiva – Huila, 2011.

ZUBIRIA SAMPER, Miguel de. Teoría de las seis lecturas: mecanismos del aprendizaje semántico. Ed. Fundación Alberto Merani para el desarrollo de la inteligencia - FAMDI, Bogotá, 1996.

Hecho en Colombia
Neiva - Huila
Noviembre de 2011

www.ingramcontent.com/pod-product-compliance
Lightning Source LLC
LaVergne TN
LVHW011424080426
835512LV00005B/253